地獄界探訪

死後に困らないために知っておきたいこと

大川隆法
RYUHO OKAWA

地獄界探訪　目次

第1章　地獄界探訪《じごくかい》

――真夜中に起きた霊《れい》体験に見る「現代の地獄」の実態――

二〇〇六年十一月八日　説法《せっぽう》
東京都・幸福の科学総合本部にて

1　予期せず夜十一時半から始まった霊界探訪《れいかい》　14

2　テロや戦争など闘争《とうそう》と破壊《はかい》の世界「阿修羅《あしゅら》地獄」　16

列車の爆破《ばくは》事故が起き、その惨状《さんじょう》の場面に居合わせる　16

憎《にく》しみの想念で焼け焦《こ》げるような熱さを感じる「地獄の焦熱《しょうねつ》」　18

テロや戦争は地獄界をつくり、あの世で何度も繰《く》り返される　20

3　西洋風の建物に女性が監禁《かんきん》されている「色情《しきじょう》地獄」　23

二回目の霊界探訪が、午前三時ごろに始まる　23
閉《と》じ込《こ》められた少女を逃《に》がそうとしても、「透明《とうめい》な川」に阻《はば》まれ、逃げられない　25
女性たちを監禁する山姥《やまんば》のような「魔女《まじょ》」に追いかけられる　27
生前の恐怖《きょうふ》や抑圧《よくあつ》によって、地獄から逃《のが》れられない女性たち　29
霊界の真相や真実を知ることが地獄から抜《ぬ》け出す大きな力になる　33

4　大男から食べ物を取り上げられる「餓鬼《がき》地獄」　38

明け方の五時ごろ、三回目の霊界探訪へ　38

目標に到達《とうたつ》できず、無念のまま死んだ子供たちの地獄　41

5　現代人に知ってほしい「三つの地獄」に堕《お》ちないための「生き方」とは　45

夜中に探訪したそれぞれの地獄が教えてくれる「教訓」　45

現代的な地獄についての霊界知識を現代人に広げることの大切さ　49

第2章　苦しみの世界

――自分の自由にならないこの世をどう生きるか――

二〇二二年二月二十五日　説法
幸福の科学 特別説法堂にて

1　「今が楽しければいい」という生き方の問題点とは　54

「どうやって苦しみの世界から解脱《げだつ》するか」を探究して説いた釈尊《しゃくそん》　54
私が見た夢のなかで、大人に反発する若い人たちが言っていたこと　55
「社会の義務や責任から逃げ出したい人」は麻薬《まやく》や酒などにはまりやすい　59
未成年の飲酒の問題は、自制心がなく逃避《とうひ》する傾向《けいこう》が出てくること　64

類は友を呼び、悪いほうに引っ張られていくと戻《もど》ってくるのは大変　70

2 逃れたくても逃れられない「この世の苦しみ」　74

金銭的貧しさよりも、「食料がない」という貧しさまで行くこともある　74
・戦争中は、戦火から逃れての平和な生活が天国に思える　74
・戦争中は芋《いも》さえ食べられず、芋のつるを食べてしのいでいた　76
・食べ物不足で「トカゲ・カエル・ヘビ・イナゴ」と、いろいろなものを食べていた戦争のころ　78
会社の倒産《とうさん》や統廃合《とうはいごう》等から生まれる「お金の問題」による苦しみ　80
・バブル崩壊《ほうかい》以降、会社が潰《つぶ》れて家族が目茶苦茶《めちゃくちゃ》になった人はいっぱいいいる　80
・塾《じゅく》に行っても、行けなくても、被害《ひがい》意識を持つ子はいる　82

食料、学歴、お金、病気など、「苦しみ」となるものはいくらでもある　85

3 受験エリートが出遭《であ》う「世の中の厳しさ」という苦しみ　89

小学校の〝お受験〟から始まる受験勉強の苦しみ　89
学歴の肩書《かたがき》だけで渡《わた》っていけるほど世の中は甘《あま》くはない　94
エリートで入社しても人間関係や仕事の失敗で没落《ぼつらく》する人もいる　97
東大を出ても実社会で出世するには努力が要《い》る　99
宗教家でも普通《ふつう》の社会で必要な実務能力は要求される　103

4 釈尊の説いた「四苦八苦《しくはっく》」の苦しみは現代にもある　107

若いときのようにはいかないという「老いる苦しみ」　107
説法を続けながら組織づくりの勉強をすることは大変なもの　111

若い人にもかかわる「愛別離苦《あいべつりく》」「怨憎会苦《おんぞうえく》」「五陰盛苦《ごおんじょうく》」の問題　117

5　成功に伴《ともな》う代償《だいしょう》の苦しみ　124

特権階級であっても「求めても得られない苦しみ」はある　124

立場が上がれば上がるほど、批判や攻撃《こうげき》を受けるようになる　130

6　苦しみの世界から逃れる方法は「永遠の生命」の自覚　137

生身《なまみ》の人間であるかぎり、「批判」や「ささやかな失敗」は出続ける　137

苦しみの世界のなかからも「神の望まれる生き方」を選び取ることが大事　141

第3章　悟《さと》りの原点を求めて

――天国・地獄を分けるこの世での生き方とは――

二〇〇八年四月六日　説法
奈良《なら》県・幸福の科学　奈良支部精舎《しょうじゃ》にて

1　「悟り」においていちばん大事なこととは何か　146

悟りというのは「自分とは何か」をまず知ること　146
やがてなくなる肉体に執着《しゅうちゃく》せず、「なくならないもの」を自分と思って
大事にするのが本来の仏教　153
魂《たましい》を否定する現代の仏教は、釈迦《しゃか》の教えと正反対である　155

2 悟りの原点①――人間は霊的存在であると自覚する 158
「人間は霊的存在である」というのは悟りにおいていちばん大事なこと 158
有名な学者や仏教家が「霊はない」と言っても信じてはいけない 161
3 悟りの原点②――自分の心のあり方が死後の天国・地獄を決める 163
「今の、生きている自分の心のあり方」と「死後、行くところ」とは一緒《いっしょ》 163
悪霊《あくれい》は「自分が助かりたい」と思って、生きている人に取り憑《つ》く 165
正しい宗教を通して「地獄から抜け出す方法」を知ることができる 168
4 地獄に堕ちないために知ってほしい「心の三毒」とは 171

天国に行くための心のチェック基準――「貪《とん》・瞋《じん》・癡《ち》」 171
「貪」――分《ぶん》不相応に欲《ほ》しがる貪欲《とんよく》は地獄へのメインロード 172
「瞋」――自分を護《まも》ろうとする動物的本能からクワーッと怒《おこ》り、
他者への攻撃へ 175
心の平和を維持《いじ》するために必要な「忍耐力《にんたいりょく》」「包容力」「寛容《かんよう》さ」 178
「癡」――「仏法真理《ぶっぽうしんり》」を知らない人間の愚《おろ》かさで地獄行きへ 180

5

一人ひとりの「心のロウソク」に灯《ひ》を点《つ》けよ 185

「叱《しか》る」という行為《こうい》は正当な怒《いか》りであり、愛の行為の一部 185
暗闇《くらやみ》のなかを手探《てさぐ》りで生きている人たちに真理を伝道することは大事 187
「他人《ひと》の役に立ちたい」と素直《すなお》に思える人は天国への道を進んでいる 191

本書には、幸福の科学・大川隆法総裁が幸福の科学総合本部で二〇〇六年十一月八日に説かれた「地獄界探訪《じごくかい》」、特別説法堂《せっぽうどう》で二〇二一年二月二十五日に説かれた「苦しみの世界」、および奈良《なら》支部精舎《しょうじゃ》で二〇〇八年四月六日に説かれた「悟《さと》りの原点を求めて」が収録されています。

第1章

地獄界探訪《じごくかい》

――真夜中に起きた霊《れい》体験に見る「現代の地獄」の実態――

二〇〇六年十一月八日　説法《せっぽう》
東京都・幸福の科学総合本部にて

1　予期せず夜十一時半から始まった霊界《れいかい》探訪

今日は、こういう話をする予定はなかったのです。今日は書類で教団の月例の報告を受けて決裁をし、そのあと、面談、会議等があるので、昨日《きのう》の夜は安らかに眠《ねむ》ろうと思っていたのですけれども、そんなときに限って〝悪いこと〟がよく起きるものです。安らかな眠りにつくことができず、悶々《もんもん》としていると、〝例のもの〟が始まり、「ああ、来るかな」と思ったのですけれども、昨日の夜の十一時半ぐらいから〝最初のもの〟が始まりました。

〝最初のもの〟というのは、「霊界探訪《れいかいたんぼう》」なのです。グググググッと引きずり込《こ》まれていくような感じで、「ああ、始まるのかな」と、予期しない感じでよく始まるのです。「今日は駄目《だめ》だ」というときに限って、よく起きるものなのです。

夜の十一時半ごろ始まって、一回目の探訪が午前二時ぐらいまで二時間半ぐらい続きました。行き先がよい所だったらよろしいのですが、不運にして「地獄界《じごくかい》探訪」となりました。一回目から地獄探訪になったのです。

2　テロや戦争など闘争《とうそう》と破壊《はかい》の世界「阿修羅地獄《あしゅらじごく》」

列車の爆破《ばくは》事故が起き、その惨状《さんじょう》の場面に居合わせる

最初に行った所はどういう所かというと、古典的な地獄《じごく》とはだいぶ違《ちが》っているのです。様相がかなり違っていて、最初は「どんな所に来たのか」と、ちょっと戸惑《とまど》うほどです。

いきなり現れたのは、一種の列車のなかのような所でした。列車のようなもののなかで、周りの風景はヨーロッパに近い風景で、乗っている人もヨーロッパに近い人たちのように見えました。

その列車に乗っていて、「何が起きるのかな」と思って見ていると、爆破《ばくは》事故

でした。列車のなかで爆発物が爆破して、それから、阿鼻叫喚《あびきょうかん》地獄が始まる。地獄図です。そういうことが始まるところに乗り合わせました。

一種の阿修羅界《あしゅらかい》だろうと思います。闘争《とうそう》と破壊《はかい》の世界の「阿修羅界」だと思うのですけれども、「阿修羅界」と「焦熱《しょうねつ》地獄」とが一体になっているような所でした。それで、すごく熱いのです。ジリジリ熱くて、私の右腕《みぎうで》のほうも、ジリジリと焼けるような熱さがすごく続きまして、焦熱でした。焦熱と阿鼻叫喚の地獄です。

ヨーロッパ系の人たちのなかでトルコの人とかイスラム系の人もいたように思うのですが、そこで爆破事故が起きて、血みどろの惨状《さんじょう》が展開されるという状況《じょうきょう》に、しばらく居合わせました。

憎《にく》しみの想念で焼け焦《こ》げるような熱さを感じる「地獄《じごく》の焦熱《しょうねつ》」

それから、続きとしては、あちこちのテロ事件のような場所でしょうか、そういう、テロが起きて惨劇を繰《く》り返すような所を次々と見て歩くという感じになりました。

これは今、「現代の地球上に起きている、現在進行形の地獄《じごく》」と言えば地獄でしょう。あちらでもこちらでもこうしたテロ事件が起きています。バスの爆破事故や、列車事故、それから中東系では自爆テロも起きています。そのようなものがあちこちで起きています。

それらとは少しかたちは変わってはいるのですけれども、その霊界《れいかい》の地獄界でも――「自分が地獄に来た」とまだ認識していないのではないかと思うのですが――対立想念と憎悪《ぞうお》、憎《にく》しみ、それから暴力、破壊、殺人願望、こういうものを持った人たちが集まって、そうした惨劇を繰り返しているのです。

私はその現場に立ち会って、流血と焦熱《しょうねつ》のなかを感じてきましたけれども、これは言葉では救済できるようなものではなかったのです。実際に見てきたかたちで、「そういう人たちに話しかけたり、天使が来て導ける」というような状況ではありませんでした。

原因が原因ですので、それが風化するまで一定の年数がかかるのでしょうか。彼らは聞く耳を持たない人たちでした。

そこにあるのは、やはり破壊想念というか暴力の想念、「相手を徹底《てってい》的に粉砕《ふんさい》したい」という憎しみの想念、そういうのがとても強かったのです。

その「相手を焼き尽《つ》くしたい」というような気持ちが、焦熱地獄の「熱」になるのでしょうか。もう本当に、右腕から肩《かた》のほうが焼け焦《こ》げるような感じを受けるぐらいの熱さでした。

テロや戦争は地獄界《じごくかい》をつくり、あの世で何度も繰《く》り返される

こうした霊界での生活ということを考えると、やはり、この世でそうした殺人や暴力、破壊というようなものを繰《く》り広げるべきではないでしょう。私が見てきたのはそうしたテロに近い現場でしたけれども、戦争というようなことになりますと、もっともっと大量な事件で、おそらく、その余波というのはそうとう長く残るだろうと思うのです。もっともっと大変なものでしょう。

ですから、テロにしてこれですので、戦争などというものは安易に肯定《こうてい》してやるべきものではないと思います。それはすぐ地獄界《じごくかい》をつくるし、多くの人たちの想念に憎しみを刻印して、また、「転生《てんしょう》のカルマ」となって、幾世《いくせ》にもわたって、その償《つぐな》い・報復というのが繰り返されていくのだろうなと思いました。

だから、これほど大きな「人生での衝撃《しょうげき》」――「殺人を含《ふく》めた破壊活動」を経験

すると、魂《たましい》への衝撃度というのはそうとうなもので、やはり、記憶《きおく》としては千年から二千年ぐらい刻印されるものではないかと思います。

今は、火薬とか爆薬とか、あるいは近代兵器も進展していますので、罪悪感を感じないで、いろいろな破壊活動や殺戮行為《さつりくこうい》が行えます。ボタン一つ押《お》せば大勢の人を殺せるような時代ですので、罪悪感は少ないと思います。

しかし、結果としては、阿鼻叫喚の地獄は昔と一緒《いっしょ》ですから、「これ（テロや戦争）は、個人としてもそれから共業《ぐうごう》としても大きなカルマをつくるのだ」ということを知らなければいけない。

その霊界の現場に立ち会うと、もう天使たちも説得は不可能です。だから、これはまだまだ続くのだろうなという感じでした。おそらくは、そうしたテロの破壊活動の現場を何度も何度も繰り返すのだろうと思います。自殺者の霊は何度も自殺現場で繰り返し自殺をするように、そういうテロで殺人・破壊行為を行ったようなことを、何度も何度も繰り返し同じようなシーンが起きてくるのだろうと思います。

そして、「またしばらくすると元に戻《もど》って、また破壊活動が起きて」というようなことで、そこにいる大勢の人たちがそのことに目覚めて、真実の生き方に導きを得ようとするときまで、それは続くのかなという感じでした。

3　西洋風の建物に女性が監禁《かんきん》されている「色情地獄《しきじょうじごく》」

二回目の霊界《れいかい》探訪が、午前三時ごろに始まる

午前二時ごろに帰ってきて、そのあと、ちょっと余韻《よいん》が残って三時ごろまで悶々《もんもん》としていたのですけれども、夜中の三時ごろにまた二回目のものが始まりまして、また引っ張っていかれたのです。

今度は少し景色が明るくてカラフルだったので、「ああ、ちょっといい所に来られたかな」と思ってホッとしていたのですけれども、まあ最初だけでして、またこれも地獄界《じごくかい》でした。

二度目に探訪した地獄というのは、これもかたちが変わっているのですけれど

も一種の色情界《しきじょうかい》でした。

当会の映画とかでは、「血の池地獄」みたいなもので、溶岩《ようがん》風の血の池のお風《ふ》呂《ろ》みたいな所で人々があえいでいるようなものが出てきますけれども、ちょっと古典的な映像で、今は必ずしもそういうふうになっているわけではないのです。私が行った所は、最初は精霊界《せいれいかい》みたいな所かと思うような所で、景色もそこそこよかったし、洋館というか、西洋風の大きな建物がありました。オレンジ色の屋根で、西洋風の窓がある大きな大きな建物でした。

そこには、国籍《こくせき》がいろいろな女性が十名ぐらいで住んでいました。最初は地獄界だとは思わなかったので、「いろいろな国の人がいるんだなあ」と思いました。着ている服もカラフルで、いろいろでした。国籍はヨーロッパ系からインド系、中国系、日本系、いろいろな国籍の女性がいました。姿形《すがたかたち》もさまざまでしたが、そんなに容姿が悪くは見えませんでした。

閉《と》じ込《こ》められた少女を逃《に》がそうとしても、「透明《とうめい》な川」に阻《はば》まれ、逃げられない

けれども、しばらく様子を窺《うかが》ってみると、何となく、「これはおかしい」という感じが分かってきました。どういうふうにおかしいかというと、監禁《かんきん》されているような感じなのです。女性はいるのだけれども、どうも逃《に》げ出せないようだということでした。

比較《ひかく》的きれいな西洋風の建物なのですが、これがいわゆる一種の置屋《おきや》といいますか、昔で言うと、芸者か娼婦《しょうふ》かちょっと分からないのですけれども、どうも、そうした商売をする女性たちを閉《と》じ込《こ》めている屋敷《やしき》らしいということが分かってきました。

そのなかに一人、まだ二十歳《はたち》前の十七、八歳《さい》ぐらいの少女がいて、その人はそ

んなに穢《けが》れていない感じに見えました。日本人風ではありましたけれども、白い服を着ていて、ただ、ドレスではなくて、どちらかというと日本の襦袢《じゅばん》というものに似たような、ああいう着物のように見えました。

私は「この子ぐらいは助け出せるのではないか」と思って、手引きをして建物の外へ連れ出して、導いていこうとしたのです。

その周りは草原のような、野原のような、花畑のようには見えるのですけれども、少し、五メートルか十メートルぐらい建物から出ると、「何もないはずなのに、透明《とうめい》なのに川がある」のです。「透明な川」で、この地上の川みたいなものではないのです。透明なのです。〝目に見えない〟のに「川」なのです。

そこを通ると、ズブズブになるのです。ずぶ濡《ぬ》れになってしまうのです。だから、その少女が着ている服もズブズブになってしまって、溺《おぼ》れるような感じになって出られないのです。出られないので戻《もど》ってくる。そこで、別の方向に連れていこうとしても、そちらからも出られない。

女性たちを監禁《かんきん》する山姥《やまんば》のような「魔女《まじょ》」に追いかけられる

今度は、建物の上のほうから何とか逃《のが》そうとして、片腕《かたうで》で抱《だ》きかかえて、天井《てんじょう》から抜《ぬ》けていこうとするのですが、抜けようとするのに、天井が拡大して高くなっていって、抜けられないのです。

そうこうするうちに、少女を連れ出そうとしていることを、ほかの人たちが気づいてしまいました。

そのなかには、どうも、女将《おかみ》さんと言えば女将さんですが「一種の魔女《まじょ》なのではないか」と思う女性がいました。魔法使い、魔女だと思いますが、ちょっと見たことがある顔ではありました。目玉の大きい、髪《かみ》の長ーい、念力《ねんりき》のすごく強ーい魔女だというのは分かります。

ただ、魔女だけれども、役割としては日本の昔話で言う「山姥《やまんば》」みたいな役割でしょう。山姥みたいな役割の方です。年は五十年配ぐらいでしょうが、そんなに悪い顔ではないのですけれども、魔女は魔女であり、目の大きな、眼力《がんりき》の強い、怖《こわ》い顔をしているのです。

これが親玉で、どうやらこの親玉の魔女が、念力というか魔法の呪力《じゅりょく》みたいなもので女性たちを監禁《かんきん》して出さないでいるらしいということが分かります。女性たちは、この念力で縛《しば》られているのです。

それで、天井のほうから抜けていこうとしたのですけれども、ほかの女性の一人で、黒い中国服を着たような髪の長い女性がいて、これは、そのままの顔では普通《ふつう》の美人の女性に見えたのですが、追いかけてくるのです。追いかけてくると、やはり急に口が耳まで裂《さ》けて、目が爛々《らんらん》と輝《かがや》いてつり上がってきて、牙《きば》が生《は》えてくるという、あの恐《おそ》ろしい顔に変わってきたのです。それから、山姥みたいなその魔女も追いかけてくる。

ほかの女性たちも追いかけてきて、要するに、そこから出さないのです。一人を抜けさせようとしたら「抜けさせない」ということで、みんな出たいのに出られないのだけれども、ほかの人を抜け出させることはできない。誰《だれ》かが抜けようとすると、引きずり戻して監禁するということです。

生前の恐怖《きょうふ》や抑圧《よくあつ》によって、地獄《じごく》から逃《のが》れられない女性たち

そのときには、その場では、男性の姿は見ませんでした。

ただ、彼女たちが一種の「性の奴隷《どれい》」になっていて、逃《に》げられないようにされているということは、はっきりと分かりました。

これは、おそらく、日本でも世界各地でもそうですが、女性たちが性の奴隷と化していて、商品化され、そして抜け出せなくなっている世界がたくさんあると

思うのです。

例えば、日本にも、フィリピンとかその他の東南アジアから、「いい働き口がある」とか「ホステスさんの口がある」とか「いろんな踊《おど》り子さんの口がある」とか言われて女性たちが連れてこられて、借金のカタとして縛られて、そのあと性の奴隷にされて逃げられないようにされることがあるようです。

そのような不法地帯というか、行為《こうい》が世界各地でありますけれども、そのように監禁されている女性たちの地獄《じごく》があるのだと思うのです。性の奴隷にされている女性たちの地獄があるのだと思います。そういうかたちで、あの世でも、いろいろな場所で女性たちが拘束《こうそく》されて、どうも逃げられないような、そういう呪縛《じゅばく》にかかっているらしいということです。彼女たちが地獄のなかにいるということが自分たちで分かっているかどうかは分からないのですが、抜け出そうとして抜け出せない。家の天井から抜けられない、窓から抜けられない。外へたまたま引っ張り出しても、目に見えない川が出てきて遮《さえぎ》る。そういうことで、出られそうで出られないのです。

それで、ちょっとトラブルになっていたのです。その十七歳ぐらいの少女とは話をすることができないのです。何か黙《だま》っているのです。日本で言うと、菅野美《かんのみ》穂《ほ》さん風の美人で少女ではあったのですけれども、連れ出すことができないし、会話ができませんでした。黙って、ジーッと沈黙《ちんもく》していたのです。ほかの人は少ししゃべるのですが。

そして、いろいろと追いかけてこられて、〝トラブって〟いるうちに、私の頭の上の霊子線《れいしせん》が、ピノキオの操《あやつ》り糸みたいにビヨーン、ビヨーン、ビヨーンと何度か引っ張られて、私のほうは宇宙遊泳をしている宇宙飛行士のようにビヨーン、ビヨーン、ビヨーンと遠く飛びながら、跳《は》ね上がっていく感じで抜け出していって戻されたという感じでした。

午前の三時ぐらいに行って、四時半ぐらいには帰ってきたのかと思います。帰ってきてからあともしばらくジーッと視《み》たら、そのシーンは視え続けることがあり、肉眼で——肉眼といっても霊眼《れいがん》でしょうが——視続けることができました。ここも、先ほどの阿修羅界《あしゅらかい》と同じく、連れ出すことができませんでした。だから、もっともっと、個別の事情や「なぜ、そういうふうなことになっているのか」という事情を知って、個別に対策を立てないと抜け出せないのでしょう。こういうふうな磁場《じば》があちこちにあって、スッと、天使が行って連れ出せるような状態ではないのです。一種の魔法、呪力みたいなものがかかっていて、そこから出られないようになっています。

地獄というのは、擂鉢《すりばち》地獄みたいな所ばかりではないし、血の池みたいな所で抜け出せない所ばかりではなくて、こんなような所もあります。

彼女らの心のなかには、おそらくは、生前の「借金」とか「法律を犯《おか》して表社会に出られない」とか「親きょうだいへの何かの思い」だとか「脅迫《きょうはく》、脅《おど》し」とか、いろいろなもので監禁されて、その〝監禁恐怖《きょうふ》〟から、死んだあとも抜けられないで、そのままなのだと思うのです。そのとらわれから出られないのだろうと思います。

これも、「生前のそうした恐怖や抑圧《よくあつ》というものが、どれほど多く人間の魂《たましい》を縛って、それから逃《のが》れることができなくするか」というような例です。

霊界《れいかい》の真相や真実を知ることが地獄《じごく》から抜《ぬ》け出す大きな力になる

それはそうでしょう。第三国から連れてこられて不法に働かされ、地下社会から出られなかった女性たちというのは、不当な労働のなかで殺されたりすることも多いのでしょうけれども、そのあと、やはり、なかなか導きというものが的確には行われない状況《じょうきょう》なのでしょう。

なるほど、こういったような現代的な地獄《じごく》だった場合は、本人たちも霊界《れいかい》に移行して、霊界の真相や霊的な事実・真実を知らなければ、「自分たちが今、いったいどうなっているのか」「なぜここにいるのか」「どうやったら抜《ぬ》けられるのか」というようなことは、これはちょっと悟《さと》りようがないかなという感じを受けました。

また、自分たちよりもっと力の強い、魔女のような者が呪力で拘束していますので、これを破って出るのは至難の業《わざ》だなという感じがしました。

こういう人たちも、そういう苦しい生活のなかであっても、一条の救いとして、たとえ当会の、例えば月刊誌の小冊子のようなものであろうと、映画のようなものであろうと、法話拝聴会《ほうわはいちょうかい》のようなものであろうと、真理の書籍であろうと、何でもいいですけれども、生きていたときに、真理へのよすがというか、きっかけみたいなものを何かでも持っていれば、たぶん抜け道が出るのだと思うのです。

そうした拘束をされていても、生前、外に出るチャンスはあったでしょうから、そんなときに当会の支部などの座談会にでも何でも出て、「法友《ほうゆう》を得るきっかけ」や「真理のきっかけ」でもあれば、そこから抜けてこられるきっかけがあるのだけれども、頭のなかにそういう知識がまったくないと、もう出られないのです。出ようがないでしょう。どうしても出られないのです。その心理的な壁《かべ》がいろいろな現象になって、この監禁状態から逃げられないようにしてしまうのです。

この状態がどの程度続くのかは分かりませんけれども、かなりの長さでしょう。何かが起きないと難しいでしょう。まあ、時間がたてば逃げ出す人も出てくるかと思いますが、おそらくまた新しい〝新入り〟が引きずり込まれてくるのでしょう。

私が見たような所と違《ちが》うような所はほかにもいろいろたくさんあるのだろうと思いますけれども、そこの生活以外、ないように思い込まされるのだろうと思います。だから、出られない。

実際、ほんの五メートル、十メートルから先、出られませんでした。そんな目に見えない川が出てきて溺れてしまうというのでは、出られないでしょう。天井からも出られないし、外へも出られないというような感じでした。

こんなような感じで地獄というのがあって、そこにいる人たちは、「これが地獄だ」ということも気がついていない可能性が高いのです。「力の強い女将のような者に捕《つか》まえられている」という感じでしょうか。

だから、まだまだ、「知る」ということは大きな力だと思います。本人のなかに知っているものがあれば、「啐啄同時《そったくどうじ》」と一緒《いっしょ》で――雛《ひな》が卵の内側からつつくのと、親鳥が卵の外からくちばしでつつくのと、同時につついて、殻《から》が割れて出られるように――外から救おうとしても、なかから外に出ようとしている、その「くちばしでつつく行為」があれば助け出せるのです。けれども、そうでなければなかのほうから出られないのです。

私が助けようとした少女が無言で、しゃべれなかったことを見てもそれが分かります。理解ができないからでしょう。

まあ、そういうのがあるということで、「やはり、真理の伝道というのは非常に大事なのだな」と感じました。たくさんの量が要《い》るわけではなく、少ないものでも構わないから、「きっかけ」というものが必要であり、そのためには、やはり、あらゆる階層の人たちへアプローチをかけていかなければいけないのだなということを感じました。

これが二つ目の地獄です。

4　大男から食べ物を取り上げられる「餓鬼地獄《がきじごく》」

明け方の五時ごろ、三回目の霊界《れいかい》探訪へ

「これ（二つ目の地獄）でもう終わりにしたいな」という感じではありました。一回目が火責め、二回目は水責めみたいな感じで、こちらは〝びしょ濡《ぬ》れ〟になりました。「もういいな。今日は決裁をして、出勤して話もしなければいけないので、もうこれで勘弁《かんべん》してほしい」と思っていたのですが、また明け方の五時ごろから三度目が始まりました。三回目で、またズズーッと引っ張っていかれて、連れていかれたのです。

今度は、ちょっと見ればサッカー場のような場所でした。サッカー場のような

場所に出合わせまして、大勢の人がいました。大人も子供もたくさんいました。サッカー場のようですから、最初はちょっと何だか見当がつきませんでした。

そのうち、目の前に大きな外人の男性、オーストラリア人のように見えましたが、かなり大きい、百九十センチ以上あるような男性が立ちはだかってきました。

そして、見ると子供は小学校の五、六年生かぐらいに見えました。子供のほうは日本人のように見えたのですが、その子供が持っているのはトーストです。パンの半分ぐらいのを焼いて、バターかジャムか何かを塗《ぬ》ったトーストです。

すると、子供が持っているトーストをオーストラリア人の大きな男性がパッと取り上げるのです。取り上げて、自分で食べてしまうのです。それで、子供は飛びついて取ろうとするのですが、相手が大きいので届かないで、自分が食べようとしたものを取られて食べられてしまうのです。

そういうシーンが目の前に出てきて、最初、ここは何なのかはちょっと分からなかったのですが、ほかの所を見てみると、同じように、いろいろな食べ物――サンドイッチやハンバーガーみたいなものもあれば、ほかのものもありますが――そうした食べ物を、大きな大人に取り上げられたり、あるいは、おもちゃとか遊び道具みたいなものを取り上げられたりしているのです。

最初は、これは地獄《じごく》らしいけれども、どういう地獄かちょっとピンと分からなかったのですが、これが「餓鬼《がき》地獄」なのです。これも、古典的な地獄とだいぶ違《ちが》うのですが、餓鬼地獄なのです。

子供から見ると、その食べ物を食べようと、まさに口に入れて食べようとしたものを大きな大人にヒュッと取られて、手の届かない所に持ち上げられて、子供は取れないで泣いているわけです。

「口に入れようとしたもの、食べたいと思うものが口に入らない」、それから、「遊ぼうとしたおもちゃを取り上げられて、遊ばせてくれない」、「背が高くて届かない」、こういうかたちでの餓鬼地獄があるということです。昔の鬼《おに》に代わって、外人の大きな男性が鬼の代わりなのでしょう。そうなって、食べ物やおもちゃを取り上げるのです。

目標に到達《とうたつ》できず、無念のまま死んだ子供たちの地獄《じごく》

それで、子供がけっこういたので、「その子供は、いったい、どんな子供かな」と思って見てみると、いわゆる昔の地獄《じごく》でしたら、餓鬼地獄も、「食料難で食べ物がなくて死んだ子供とかが、餓鬼になって苦しむ」という餓鬼道がありますけれども、そうではないのです。

本当は、食べ物が問題ではないのです。食べ物というのは一つの象徴《しょうちょう》であって、手に入れたい何か欲望があるのです。それが手に入らないということを象徴しているのです。

目の前で、大きなこのオーストラリア人男性に取り上げられた子供は、「いったい何なんだい？」と訊《き》いてみたら、「受験生だ」と言うのです。受験生で、受験で勉強しているということで、年齢《ねんれい》から見ると中学受験のように見えましたが、要するに、「合格したいというのに、受験に合格できないんだ。テストに合格できないんだ」というようなことで、そういう苦しみを持っていました。

これはちょっと新しい発見でしたが、こういう受験で苦しんでいる子供たちが餓鬼地獄にいるとは思わなかったので、「はあ、そうか。これも一種の餓鬼なのか」と思いました。

だから、そういう子供たちにとって、喉《のど》から手が出るほど欲《ほ》しいものなのです。中学受験や高校受験、大学受験とあるでしょうけれども、そうした受験で親の期待に応《こた》えて一生懸命《いっしょうけんめい》やって、喉から手が出るほど欲しい。そういう栄冠《えいかん》が欲しくて一生懸命頑張《がんば》っている。ただ、ストレスになり、挫折《ざせつ》したりして自殺する人もいれば、病気で死んだり、いろいろと、子供だけれども不遇《ふぐう》のまま亡《な》くなるような子供もいるわけです。その無念の思いを持って死んだ子供たちがいるのです。

そういう、親の期待に応えられずに死んだ子供たち、現代的には、たぶん自殺した子などが多いと思うのですけれども、そういう自殺した子供たちや、親のプレッシャー、ストレスのなか、何かを目指してやっていたにもかかわらず、その目標に到達《とうたつ》できないで無念のまま死んでいった子供たちが、現代的な餓鬼地獄にいます。

それは、食べ物だったり、遊ぶ物だったり、ほかの物だったりするのだけれども、その何か自分が欲しいというものを大きな大人に取り上げられて、それで泣き叫《さけ》ぶような所でした。サッカー場のような場所でしたから、かなりの数いることが分かりますけれども、そのような場所での体験をしました。

オーストラリア人のその――鬼には見えなかったですが――大男と妙《みょう》に英会話

で、私も英語で話しながら、「そのパンを子供に返してやりなさい」と言って説得していたのですけれども、「おまえは、いったい何の資格があって、そういうことを言うのか」と向こうは言うのです。

そこで、「まあ、私は一種の裁判官みたいなものなんだ」と自分で言って、「裁判所は、子供を保護する必要があるから、子供の権利を保護しなきゃいけないんだ。それは子供の食べ物だから、その子供に返してやりなさい」と言って、この外人男性に説教するのですが、なかなかきかないのです。「そんなのは聞いたことがない」と言って、「子供の権利保護なんていうのは聞いたことがないし、そんな裁判官も聞いたことがない」と言って、なかなかきかないような状況《じょうきょう》でした。

そういう地獄に立ち会いまして、ここも解決はつかなかったのです。

5　現代人に知ってほしい「三つの地獄《じごく》」に堕《お》ちないための「生き方」とは

夜中に探訪したそれぞれの地獄が教えてくれる「教訓」

一回目は、焦熱《しょうねつ》地獄《じごく》を兼《か》ねた阿修羅《あしゅら》地獄でした。

二回目は、ちょっと変わったかたちでの色情《しきじょう》地獄、「監禁《かんきん》色情地獄」です。

三回目は、現代的な子供の欲求不満、それから、求めても得られない苦しみ、その飢餓《きが》の思いが現象化した餓鬼《がき》地獄です。


昔ならば、青森の恐山《おそれざん》で、「賽《さい》の河原《かわら》で石を積んで、石がある程度高くなったら、鬼《おに》が来てガシャガシャッとこれを壊《こわ》してしまって、また一から石を積んで」

などという「賽の河原で石積みをする子供」と言われていたけれども、今はそんな感じではなくて、欲《ほ》しい物、手に入れたい物というのが口に入ると思ったら取り上げられたり、遊ぼうと思ったら取り上げられたりする、欲しい物を取り上げられるような地獄があるということです。そういう地獄で迷っている子供たちがいる。そんなものも見ました。こんな餓鬼地獄があるということです。これは比《ひ》較《かく》的浅い地獄だったと思うのです。三つとも、地獄としては、まだ比較的、深度の浅い所だと思います。

まずは、最初の地獄は暴力です。「暴力や殺人というものが、やはり地獄をつくる決定的、物理的な原因になりやすい」ということです。

この意味で、最初の地獄としては、そういう「『暴力の戒《いまし》め』『殺人・傷害等、人を傷つける行為《こうい》の戒め』ということが、宗教的には相も変わらず今も大事なんだ」ということを教えています。

二番目は、やはり男女の性のところもあるけれども、「とにかく、男性であろうと女性であろうと、人間を不当に拘束《こうそく》したり、支配したり、隷属《れいぞく》させたり、奴隷《どれい》的拘束の下《もと》に置いて支配したり、強い力関係で人を圧迫《あっぱく》し、脅迫《きょうはく》し、監禁し、自由にさせないということが非常に大きな罪であり、地獄をつくるのだ」ということです。

「『こうした人たちの権利、あるいは、自由に生きる希望等を大事にしなければいけないのだ』ということが、宗教的なミッションとしてあるのだ」ということです。

それから三番目の地獄を見ると、現代は、非常に進んで、いろいろなものが手に入る魔法《まほう》のような時代ではあり、物質に溢《あふ》れ、物が豊かで、お金も豊かで、生活は昔に比べてものすごく便利になってはいるのだけれども、「何でも手に入ると思いつつも、それでも手に入らないものがある。人々の欲望も増大しているために、『要求』が手に入らない。『望み』が手に入らない。最低限の生存レベルが確保できたら、もっとよりよいものをみんなが求めていって、上へ上へと目指して、競争して貪欲《どんよく》になって、蹴落《けお》として、みんなが過大な期待とストレスのなかを生きた結果、『求めるものが手に入らない』というかたちでの古典的な地獄が、現代的に展開されている」ということも知らなければいけません。

これに対しては、仏教の基本原則も、ある程度適用されるかなと思います。過熱する競争——過当、不当なビジネス上の競争もそうでしょうし、その他、子供の競争もそうでしょうし、見栄《みえ》やいろいろなものもあろうと思いますけれども——これに対して、やはり人間としての「足ることを知る生き方」「中道《ちゅうどう》の生き方」「正しい生き方」「反省がキチッとできて、欲望を適度に抑《おさ》えながら生きていく霊的《れいてき》な生き方」というものを教えなければいけないのだというようなことを、ミッションとして強く感じました。

現代的な地獄《じごく》についての霊界《れいかい》知識を現代人に広げることの大切さ

昔の、仏教で言うところの「地獄《じごく》」は現代にもありますけれども、今も言ったように、姿形《すがたかたち》はずいぶん変わっています。

だから、この霊界《れいかい》知識を知らなければ、一つ目の地獄だったら、「列車に乗って爆破《ばくは》されているシーン」などは、まだ現在そのもので生活して、起きているように見えているでしょう。

おそらくそういうふうに見えているはずですし、二つ目の所も、「地獄にいる」とは思っていない可能性はあります。「ちょっと違《ちが》った所に迷い込《こ》んだのは分かるけれども、外国から連れてこられたように、また別の所に連れていかれて監禁・拘束されているんだ」と思って、まだ普通《ふつう》に生きているつもりでいるかもしれません。

三番目の所も、これは地獄と分からないかもしれません。サッカー場みたいな所で、パンやトーストやいろいろなものを食べようとして取り上げられるようなことが、これは、地獄にいるということは子供には理解はできないかもしれません。これも、そう簡単にスッとは抜《ぬ》け出せないのかもしれません。なかなか、霊的な知識は必要なのかもしれません。

まあ、比較的浅い地獄ですけれども、三カ所、地獄巡《めぐ》りをしてきてみました。総天然色で、すごくリアルな感じで、手触《てざわ》り、実在感があって、温度、体温があったり、振動《しんどう》が伝わったり、それから、冷たさがあったりするような体験です。

それから、「夢」とは違うのは、霊子線《れいしせん》がつながっていて、危機的な状況《じょうきょう》になると、先ほども言ったように、ピノキオがピアノ線で引っ張られてピョーンと跳《は》ねるように、ビョーンと引っ張られて上に上がっていくことが何度も何度もありました。アクアラングで（水中に）潜《もぐ》っていって、それでロープで引き揚《あ》げられるような感じで、元いる世界に戻《もど》ってくる感覚がついているのです。

体験した内容については明らかに覚えていて、記憶《きおく》していて、話ができるような生々《なまなま》しいものです。

この三つの地獄を見てきましたが、「まだまだ宗教としてやるべきことは多いなあ」という感じが来ました。死後、こうした新しい地獄に対して、死んだ現代人は、地獄にいるということを認識もできず、また、抜け出す方法がなかなかないのではないかと思うのです。

そういう意味で、「いろいろなかたちで現代的な切り口を駆使《くし》しながら、いろいろな人の心のなかに仏法真理《ぶっぽうしんり》の種をまいていく活動を、今後とも力強く、粘《ねば》り強く、幅広《はばひろ》く、うまずたゆまず続けていかねばならない」という気持ちを強く持ちました。

簡単ですけれども、以上が地獄界探訪の話です。

第2章 苦しみの世界

――自分の自由にならないこの世をどう生きるか――

二〇二二年二月二十五日　説法《せっぽう》

幸福の科学　特別説法堂にて

1 「今が楽しければいい」という生き方の問題点とは

「どうやって苦しみの世界から解脱《げだつ》するか」を探究して説いた釈尊《しゃくそん》

今日は「苦しみの世界」という題での話です。

これは意外に知らない方も多いかもしれませんが、仏教を簡単に言うと、「釈《しゃく》尊《そん》は、『人生は苦しみだ』ということを悟《さと》って、『どうやって、その苦しみの世界から解脱《げだつ》するか』ということを探究して説いた」ということになっているわけです。

若いころ、そうした真理に出会っても、十代、二十代ぐらいだと、「人生は苦《く》である」と言われても、「それはあまりに暗すぎるんじゃないか。夢も希望もなくて、もうちょっと発展的で光明《こうみょう》思想的な明るいものがあってもいいんじゃないか」と、そういうふうに感じたと、私も思っています。

だから、「そういうふうに見ていいものかな」とも思ったのですけれども、それから何十年も生きてきますと――「どの年代で説いたか」にもよるのだとは思うのですが――だんだん年齢《ねんれい》が上がってくれば上がってくるほど、釈尊の考えに近づいてくる面があって、「そうなんだなあ」と、だから、「晩年の説法《せっぽう》のほうがよく遺《のこ》っているのではないかな」とは思います。

私が見た夢のなかで、大人に反発する若い人たちが言っていたこと

釈尊は「『苦しみの世界』としてこの世を見た」ということなのですが、どういうことなのかということについて、もうちょっと分かりやすく言うとしましょう。

今週の何日か前だったと思うのですが、明け方ごろ、夢を見ました。それは「新宿《しんじゅく》の歌舞伎町《かぶきちょう》の夢」です。そのなかに私はいました。

そこで若い人たちが夜遊びをしたり、グレたり、殴《なぐ》ったり、酒を飲んだりと、いろいろしている世界を見てきて、また、その人たちを導こうとしている、ボランティアでやっている方々とか警察官とか、そういう人たちにも会いました。

新宿歌舞伎町という、いわゆる遊楽街といいますか「遊んで、飲んで、暴《あば》れて」という感じの世界ですけれども、そこにいる若い人たちに私は説教をしていました。説教というか説法でしょうか、それをしていました。自分の感覚としては四時間ぐらいやっていたような気はするのですけれども、若い人たちに「何がどう違《ちが》うのか」という話をしていました。

それは今週の話なので、ちょっと記憶《きおく》にあるのですけれども、その若い人たちの言ってくることは、結局、「人生は早く楽しまなきゃ損じゃないか」ということです。それを、みんな言うわけです。

「なんで、成人にならなきゃ酒を飲んじゃいけないんだ。納得《なっとく》がいかない」と。

「男性が女性を求め、女性が男性を求めて、学校をサボって歌舞伎町で遊んで、何が悪いんだ」と。

「将来サラリーマンになる？　バカバカしい。そんなのやって、どうするんだ。会社で飼われて、社畜《しゃちく》といわれるような人間になって、どうするんだ」と。

「学校なんか、全然、面白《おもしろ》くもない。あんなところに行って、なんで教師に拘束《こうそく》されなきゃいけないんだ。学歴の社会で『進学させる』『卒業させる』とか、そんなことで締《し》め上げて、言うことをきかそうとする教師、そんなやつの言うことなんか、きいてられるか。たかが教師だろうが。何十年も教師をやっていて、全然、偉《えら》くなってない。そういうやつらの意見なんか、きいてられるか」というような感じの突《つ》っ張り感はありました。

親とかにもそういうふうに言うのだろうけれども、家を飛び出して――今はちょっと、コロナもあって、夜、営業できないこともあったりして（説法当時）、下火《したび》にはなっているのではありましょうけれども――そういう、社会の正規のルートを上がっていくのに反発しているような人たちはけっこういるのかなというふうに思いました。

だから、「自分はゲームセンターで遊びたいのに、なんで学校に行かなきゃいけない。なんで宿題をやらなきゃいけないんだ」「部活をやったあとは、酒を飲み歩きたいし、友達の家を泊《と》まり歩きたいのに、なんで勉強しなきゃいけないんだ」みたいな感じでしょうか。

そういうふうに、大人のつくった価値秩序《ちつじょ》に反対するような人はいっぱいいると思います。

まあ、それは、反発するならしてもいいと思うのです。ただ、長い人生を見ると、「因果応報《いんがおうほう》」と言うけれども「必ず、自分のなしたことに対しては、それ相応のものは返ってくるのだ」ということです。

なぜ、大人たちが、いろいろなことについて、「これは、してはいけない」とか「あれは、してはいけない」とか言うのかというと、そのあと人生のコースを踏《ふ》み外していったりと、もう元に戻《もど》れないようになることが多いからです。

「社会の義務や責任から逃《に》げ出したい人」は麻薬《まやく》や酒などにはまりやすい

日本でも今は渋谷《しぶや》とか新宿辺りだったら流行《はや》っているでしょうけれども、薬——麻薬《まやく》、覚醒剤《かくせいざい》の類《たぐい》等を売り買いしたりして、小金《こがね》を稼《かせ》いでいる人もいるし、自分で飲んでいる人もいます。

そして、それを買うために、またお金を稼がなくてはいけないというようなことで、スリや強盗《ごうとう》や泥棒《どろぼう》、あるいは不正な行為《こうい》をやったりする人もいるだろうと思うのです。

「薬を飲んでも、麻薬や覚醒剤を飲んでも、まあ、自分の体が傷《いた》むかもしれないけれども、そんなの、他人《ひと》が知ったことではないじゃないか。自分の体ぐらい、自分のものなんだから、自分の勝手じゃないか」という気持ちもあるらしい。憂《う》さが溜《た》まっていますから、憂さ晴らしをしたい。お酒も一つの憂さ晴らしだけれども、「そういう薬なんかで憂さ晴らしをしてもいいじゃないか」と。

私は飲んだことがないのでよく分かりませんが、いろいろと体験した人の言っていること、書いていること等を読むかぎりは、覚醒剤などというのは——飲んだり、あるいは打ったり、鼻から粉を吸ったりすると思いますが——飲むとすごく〝ハイな気持ち〟になるらしいのです。

ハイな気持ちになって、一時期、何か、自分が祭りの夜に暴れているような感じの、いい感じの気分になるらしい。だから、瞬間的《しゅんかん》にものを見るというか、狭《せま》い範囲《はんい》で見る人から見れば、「こんな、もう、ムシャクシャしてるんだから、ハイな気分になって自分が幸福なんだから、それでいいじゃないか」という感じでしょう。

「いや、それは、五年後、十年後、あなたの体を蝕《むしば》んでくるよ。将来、まともな職業に就《つ》けなくなるよ」とか「場合によっては警察に捕《つか》まって放り込《こ》まれるよ」と言われても、「今が楽しけりゃ何が悪い」という感じはあるのでしょう。

麻薬もたくさんあるので、この種類について、どれくらいの違いがあるのかはよく分かりませんが、タイ付近の「三角地帯」といわれるような辺りでも、ケシとかいろいろなものが栽培《さいばい》されています。

だいたい、感覚を麻痺《まひ》させて、若干《じゃっかん》、酒とはちょっと違う感じではあるのだけれども、よく「トリップ」と言っていますが、トリップ経験というか、多少の宗教的な幻覚《げんかく》に近いような体験を得るらしいということは分かっているのです。それも、ある意味での「この世からの遊離《ゆうり》」で、「憂さ晴らし」ではあるのです。だから、宗教でも、「もう、『まともに修行《しゅぎょう》して、何十年もやって悟りたい』なんていう、まどろっこしいことをやりたくない」というような人には、インドのガンジス河を上《のぼ》っていく途中《とちゅう》で、そういう、麻薬をやっている人はいっぱいいます。洞窟《どうくつ》のなかで吸ったりしています。

そういう人はいるけれども、まあ、霊《れい》体験に近い感覚を受けることもあるのだろうとは思うのです。意識が混濁《こんだく》してきて、「現実か、そうでないものか」が、区別がつかなくなってくるらしいのです。だから、霊界《れいかい》のものも一部視《み》えているのだろうと思うし、一部は、脳が麻痺して、違ったものを、幻影《げんえい》を現して見えているのだと思うのです。「霊界にも多少関係はたぶんある」と私は思っています。ただ、霊界でも、そんなにいい霊界とつながるものではないように思われるのです。

南米などでもコカの葉とかもよく使われますけれども、一種の麻痺効果、麻薬効果というか、苦しみを和《やわ》らげる効果もあるらしいので、確かに、末期の病人などが苦しみを和らげる意味で使えるものもあるのかなとは思います。ただ、普通《ふつう》の子供や大人がそういうものを使うと、病《や》みつきになるわけです。

まあ、コカ・コーラだって、やめられなくはなります。コカ・コーラとかペプシとか、あんなものでも病みつきになるし、コーヒーなどでもカフェインがありますから、繰《く》り返し飲みたくなります。

そういう繰り返し引っ張るもののなかで、体への被害《ひがい》がどの程度あるかです。お酒だって、もちろん、そういう、繰り返し飲みたくなる傾向《けいこう》はあるし、今はかなり、吸う人は少なくなっていますけれども、タバコなどでも、やはりやめられないで繰り返し吸いたくはなってくる。鎮静《ちんせい》効果がある場合もあるし、やはり、ストレスが溜まったりしているときに、何かすっきりしたりすることもあるらしいというふうには聞いてはいるのですけれども。

どうも全体的に、こうしたものは、人生を非常に刹那《せつな》的というか狭い範囲で見て、自分は、もう今は自分自身を真っ正面から見つめるのはだいたい嫌《いや》で、どこか、「そこから逃《に》げ出したい」と、「社会から逃げ出したい」と、あるいは「社会の義務から逃げ出したい。責任から逃げ出したい」と、こういう人がやはりはまっていきやすいのではないかと思います。

未成年の飲酒の問題は、自制心がなく逃避《とうひ》する傾向《けいこう》が出てくること

現在、タバコは犯罪にはならないかもしれないけれども、場所的には禁止される場所も多いのです。オフィスのなかとか電車のなかとかでも禁止されることも多いのです。

あとは、「犯罪に当たるもの」もかなりあることはあります。

確かに、「未成年が酒を飲んで何が悪い」という考えには、「個人差もあろうから」ということもあるし、また、大学生などだったら、もう、十八歳《さい》、十九歳で、大学に入ったら新歓《しんかん》コンパみたいなので酒を飲まされます。

「これを飲まなかったら、もう、〝通過儀礼《ぎれい》〟として、おまえ、うちの部に入ったということを認めないぞ」と先輩《せんぱい》から脅《おど》されたり、「俺《おれ》の酒が飲めないのか」と、こうやられると飲まざるをえないというようなことがあって、飲んでしまうこともあるとは思います。

私だって経験がないわけではないのです。

大学に入ったときに、剣道部《けんどうぶ》で、やはり新入生の歓迎会《かんげいかい》というのがあって、私は、「二十歳《はたち》にならないと酒は飲まないものだ」と思っていたのだけれども、すぐ飲まされたのです。

飲んで、そのあとカレーライスが出てくることになっているのに、私は酒を飲んだことがなかったためにイチコロでやられてしまって、もう、寝《ね》てしまった。その場で寝てしまって、「カレーライスを食べ損《そこ》ねた」という悔《くや》しさが、ずうっと四十何年残っております。

みんながカレーライスを食べ終わったあとぐらいに気がついて起き上がったので、「えっ、俺、晩ご飯《はん》食べてないんだけど」と言ったのだけれども、「寝てたんだから、しょうがないやんか」と言われました。

いやあ、何だか「飲め」って言うから飲んだのです。まあ、飲んだといっても、お猪口《ちょこ》一杯《ぱい》を飲んだか二杯を飲んだかは知らないけれども、その程度のものです。それでも、もう、カーッときて、カタッといってしまったのですが、運動部とか体育会では先輩たちは許してくれないから、それで、晩ご飯を食べ損ねた、ひもじい思いだけが痛切に残ったのを覚えております。

社会人になってからは、お酒はそんなに飲めないのでよく断るのですけれども、やはり、人が変わると、「俺のお酒が飲めないのか」と凄《すご》まれると、付き合いで飲まなくてはいけないみたいなことがあって、私はあまり強くないので、もう、困ったことは多かったのです。

人によっては、強い人もいて、生まれつき遺伝子的にアルコールに強いというのもあるらしいから、それは、「人によって感じ方は違うから、一緒《いっしょ》にはできないのかな」とは思うこともあるのですが。

私の従姉妹《いとこ》などは、女の子でも、もう小学校のときから、ジンとかジントニックだか何か知らないけれども、飲んでいました。

葬式《そうしき》か法事か何かで行ったら、何か透明《とうめい》な液体、（演台のコップの水を指して）こんな透明な液体を飲んでいるから、「水みたいなものかなあ」と思ったら、「私が飲めるんだから、あんたも飲みなさいよ」と言われて、一口やったらもう大変で、カーッとなって、外の水道の蛇口《じゃぐち》を開けて、水道の水を飲み続けたのを覚えております。

まあ、平気な人とそうでない人があるから、(飲酒の年齢を)一律に切るのは、やや不公平なところはあるのかなとは思います。ただ、一般的《いっぱん》に、そういうふうになっているのは、やはり犯罪の方向に流れていく傾向《けいこう》が多いということと、自制心がないということで、結局、「まともなことを毎日毎日積み重ねるようなことを、人は続けられなくなってくる」ということ、「すぐに何かに逃避《とうひ》する傾向が出てくる」というようなことでしょうか。

(未成年の飲酒は)そういうことがよくないことだと思います。

また、オリンピックでも、「ドーピング」と言っていますが、私にはその専門的な詳《くわ》しいことはよくは分からないけれども、アイススケートをするような人で、ロシアの十五歳の選手について「三種類ぐらいの薬物を飲んでいるのではないか」というようなことを言っていました。

何か、苦しみを少し和らげて、持続性を高めるような薬があるのでしょうけれども、「同じ土俵《どひょう》で試合をするには、ちょっとフェアでない」ということでしょうか。みんな痛いのです。羽生《はにゅう》選手みたいな人だって、足を怪我《けが》したりして痛いなかでやっているのでしょう。それを痛くなくしたり、筋肉がやたら力の出たりするものとかを飲めば、ちょっとフェアでない部分はあるのでしょうから、条件を同じくしようとしているのだとは思うのです。

ただ、今年（二〇二二年）のオリンピックでは、そのロシアの選手は「十五歳なので」ということで、保護者がついていないといけないような状態なので、本来は出られないのに、ちょっと別扱《あつか》いみたいな感じで競技に出たりはしていましたけれども、微妙《びみょう》に難しいところです。

いろいろな手はあるので、ちょっとあれかと思いますが、ある意味では、試験などでカンニングするような感じに近いのかもしれないとは思います。

だから、みんながゼロから試《ため》したいときには、そうした「フェアネスを欠くもの」はよくないと考えられることもあるのかと思います。

類は友を呼び、悪いほうに引っ張られていくと戻《もど》ってくるのは大変

さて、夢のなかで、歌舞伎町の、年齢不詳《ふしょう》ですけれども学校へ行かずに遊んでいる人たちに説教をしていたのですが、彼らは自分の未来というものに対しては、もう責任は感じていないのだろうなと思いますし、「そんなことをしていたら、将来、五年後、十年後、二十年後、あなた、どうなるか分かっているの?」みたいなことが通じないということです。

それともう一つは、「未来についての責任がない」のと同時に、同年代の子供たちというか、青年も含《ふく》めてですけれども、「みんなやっていることだから、別

に構わないじゃないか」みたいな感じでしょうか。

「類は友を呼ぶ」ので、似たような人たちがやはり集まってきますから、集まってくる人たちは、みんな同じようなことはしたがります。

みんながやっていれば悪くないように見えるし、一人だけ「いや、絶対、私は拒《こば》む」と言ったらどうなるかというと、仲間外れにされるでしょう。学校に行かなくなっていったり、家のなかにいられなくて家を飛び出したりしているような人たちは、遊んでくれる友達等がいなくなると、それは、孤独《こどく》は孤独なのでしょう。

どんどん転落していくときには「さらにまだ先があるのだろう」と思いますが、だんだん悪いほうに引っ張られていって、最後は、深く入ってくると、たいていヤクザの世界のほうにつながってくる。そういう、法律で禁止されているようなものなどには、たいていは、闇《やみ》取引ができる仕事が多いので、だいたい、酒、女、博打《ばくち》、麻薬、覚醒剤等が絡《から》んでいるようなところでは、ヤクザが暗躍《あんやく》していて資金源をつくっているというようなことが多いのです。

その小手先《こてさき》の使い走りから、だんだん、プロになってやるような世界に入ったりするようになる。それから戻《もど》ってくるのは、まあ大変は大変です。

当会のなかでは、それでも戻ってきている人もいて、信者になっている方はいらっしゃいます。

私のほうは特に何か言ったわけではないのに、初期の伝道のころ――アメリカとかでは、そういう麻薬関係で逮捕《たいほ》されて、刑務所《けいむしょ》に入る人なども多かったのだろうと思いますけれども――ハワイなどで刑務所伝道みたいなのがずいぶん流行《はや》っていました。

「私の本を読んで」ということですが、「そんなにはっきり書いていなかったのだけれども」と、ちょっと思ったのだけれども、薬の中毒から更生《こうせい》するのに、幸福の科学の教えを使って更生したという人はいっぱいいるし、日本でも、刑務所のなかへの差し入れで、私の本が入ったりすることも多いらしいのです。それで犯罪から立ち直って「真人間になろう」と思う方も多いらしい。

もちろん、そこまで行く前の段階で、本を読んだりして、あるいは話を聴《き》いたりして、立ち直る人も多いのです。そういう、刑務所に『聖書《せいしょ》』とか仏典とかを入れられる場合もあるけれども、現代的なものとしては、当会の本もよく使われてはいるというふうには聞いております。

2　逃《のが》れたくても逃れられない「この世の苦しみ」

金銭的貧しさよりも、「食料がない」という貧しさまで行くこともある

・戦争中は、戦火から逃《のが》れての平和な生活が天国に思える

「何が結局、問題なのか」ということですが、この世の苦しみから逃《のが》れたくて逃れたくて、「法律に反する」とか「そういうのは不良がすることだ」とか言われることをするのです。

親の言うことに反発し、学校の先生の言うことに反発し、会社の同僚《どうりょう》や仲間、先輩《せんぱい》が言うことに反発して、一般《いっぱん》的に「悪」と分類されるものに踏《ふ》み込《こ》むことが

多いわけなのですけれども、どういう考えかというと、要するに「この世の苦しみ、自分の今味わっている苦しみから逃れたいのだろう」とは思うのです。

でも、「苦しみ」は、結局のところ、逃れようとして逃れられるものではないのです。いつの時代も、どの国においても、どの地方においても、「苦しみ」は、やはりあるのです。

戦争中のところだったら、もう、戦火から逃れての平和な生活、家庭生活や会社に勤められた生活が、それは天国に思えるでしょうから、そういう戦火がやんで、砲弾《ほうだん》が飛ばず、ミサイルが飛ばず、爆弾《ばくだん》が落ちてこない国になりたいし、そういう地域に逃《に》げたいと思うでしょう。けれども、そういうときもある。それは選べない。自分だけで決められることではありませんから。ほかの大きな力が働いて、そうなることがあります。

・戦争中は芋《いも》さえ食べられず、芋のつるを食べてしのいでいた

それから、「貧しさ」というのは、これも逃れられないのです。もう、いつの時代も、いろいろな地域に――まあ、豊かな人もいるけれども――貧しい人はもう絶えたことがないのです。

貧しさも、「金銭的に貧しい」というよりも、もう、「食料がない」という、食べるものがないという貧しさまで行くこともあります。

私の世代だと、父母《ちちはは》あたりから聞いた話では、父母は戦争中に生きていましたから、（当時の）大人たちの生活を見ているし、子供たちの生活も見ているけれども、やはり「お芋《いも》を食べられるほうならいいのだけれども、芋のつるを食べていた」と、私の父も言っていました。

だから、芋畑をつくっているけれども、芋よりも芋のつるを食べている。それ

から、お粥《かゆ》も、もう、薄《うす》めて薄めて薄めて、ものすごく薄いものを食べている。小学校、中学校ぐらいの悪ガキの時代には、「どうやって、他人《ひと》の目を盗《ぬす》んで、よその芋をかっぱらってくるか」みたいなことが、もう、生存の重大なことでありまして、「他人の畑に入って芋を掘《ほ》ったりしたら、鎌《かま》を持って追いかけてこられる」というようなことがありました。「鎌を持って、今の川島町《かわしまちょう》の別格本山《ほんざん》・聖地エル・カンターレ生誕館の辺りから、あの麓《ふもと》の辺り、線路が走っている所の近くまで、鎌を持って追いかけられた」と父も言っておりましたから、生存というのは大変です。

芋のつるだけでは生きていけないから、やはり下の芋もちょっとは欲《ほ》しいでしょう。けれども、「鎌を持って追いかけてきた」と言っていましたから、そんななかで子供も食料を闇《やみ》調達しなくてはいけない時代もあったのだろうと思うのです。

そんな時代から見れば、「スーツを着て、サラリーマンをして、給料をもらえて、正当にスーパーで物を買えたりコンビニで買えたりして、食べられる時代」というのは、豊かな時代で、ありがたい時代でありましょう。そう思います。

・食べ物不足で「トカゲ・カエル・ヘビ・イナゴ」と、いろいろなものを食べていた戦争のころ

それから、戦時中などは「自然界に生きている、トカゲからカエルからヘビから、いろいろなものを獲《と》って食べた」と言っていました。だから、ヘビを捕《つか》まえて皮を剝《む》いて、「ヘビの蒲焼《かばや》き」というのを、ウナギの蒲焼き代わりに食べる話とかありました。

私の家にも離《はな》れがあって、ヒキガエルがときどき出てきたので、捕まえたりすると、父親が見事に足の水かきの所からピーッと皮を剝いてくれました。「上手

に剝くものだなあ」と思ったけれども、そして、〝カマ〟を切って、胴体《どうたい》の下あたりを焼くと、確かに鳥のささ身のような味をしているのです。私は食べたことがあります。

あとは、イナゴというのも、昔は食料にされていたこともあるのですが、私も食べたことがあります。

今はないけれども、よく本に書いてあるので知っているかもしれませんが、実家の離れの家は工場の跡地《あとち》でした。一階が跡地でしたけれども、ガラスとかが割れていたので、イナゴがいっぱい入って、中で生活しておりました。イナゴを捕まえて帰ると、父親がイナゴを佃煮《つくだに》にしてくれるのです。そういうことで、イナゴの佃煮を食べたことがあります。今も、食料不足で世界的には食べている所は多く、昆虫食《こんちゅうしょく》というのは二十パーセントぐらいもうあるのですけれども、私も食べた覚えはあります。

そうした、まず「食べ物の不足」ということがあります。

会社の倒産《とうさん》や統廃合《とうはいごう》等から生まれる「お金の問題」による苦しみ

・バブル崩壊《ほうかい》以降、会社が潰《つぶ》れて
　家族が目茶苦茶《めちゃくちゃ》になった人はいっぱいいる

それから、「お金がない」という問題はもういくらでもあります。

高度成長をしてからあとでも、バブル崩壊《ほうかい》以降はもう会社はいっぱい潰《つぶ》れましたし、会社にお金を貸していた銀行とか、証券とか、そういうところもいっぱい潰れて、統廃合《とうはいごう》されて、クビを切られたり、家族がもう目茶苦茶《めちゃくちゃ》になったりした人はいっぱいいると思います。

私が子育てをしたころでも、ある塾《じゅく》では、「今月は山一證券《やまいちしょうけん》の子が五人やめた」

とか言っていました。親父《おやじ》さんの会社が潰れてしまったら、塾に月何万円も払《はら》ってはいけないでしょう。

だから、そういう考えから言えば、受験させていただくなどというのも――小学生から塾に行って中学受験をするなどというのは、贅沢《ぜいたく》な話なのです。

当時も言われていましたけれども、だいたい、「もう、年収が八百万円ぐらいないと、そんなものはできないのだ」と言っていました。「中学受験で、わざわざ高い塾に通ってまで受けるとなったら、年収八百万層。だから、いい会社の課長・部長職以上ぐらいでないと、かなり無理する感じになる」というようなことは言っていましたが、会社が倒産《とうさん》とか、あるいは経営が傾《かたむ》いてきたら、バタバタと子供は塾をやめ始めるわけです。

・塾《じゅく》に行っても、行けなくても、被害《ひがい》意識を持つ子はいる

行けなくなって初めて、「塾《じゅく》に行けることだってありがたいことだ」というふうに思うのですが、そうでないと、「昼間、学校へ行って、夜は塾まで行かされて、ひどい目に遭《あ》っている」みたいに考えるということです。そういうふうに被害《ひがい》意識を持つ子はいると思います。

そういう子にとっては、それは苦しみなのでしょうけれども、逆に会社が潰れて塾に行けなくなった子にとっては、塾に行けるというのはうらやましいことで、学校の教科書とちょっとした参考書ぐらいで勉強しなければいけないのは、すごく不利なのです。みんなプリントをもらって、ヤマ当てしてくれているのは受かりやすいでしょう。有名進学校などになると、塾へ行っていないと、まずは学校の勉強だけでは受からないのは普通《ふつう》ですから。

だから、そういうふうな社会的に高く扱《あつか》われるようなコースに乗っているにもかかわらず、それを被害と感じる人もいるし、それができなくなって「自分はこんなに落ちぶれた」と思う人もいるわけで、両方どちらでも同じような考え方は成り立つのだということです。

人間は、主観で「自分の幸福・不幸」とか、「苦痛」だとか「快楽」だとかを考えやすいのですけれども、もうちょっと全体を見回して、全体はどんな感じかというものを見たほうがいいのです。

私が子育てしたころは、私立中学の受験ができるというのは、東京都辺りでだいたい六人に一人ぐらいでしたので、六人に五人ぐらいはできなかったのだと思うのです。六人に一人ぐらいではあるけれども、それでも、全体では何万人か、やはり五万とかそのくらいは受験していました。男の子も女の子も受けているわけです。何年間か勉強して行っています。

それで「遊びたいのに勉強させられた」と被害意識を持つ方もいるし、「塾に行けなくて、いい中学へ行けなかった」とひがむ人もいます。

また、同じ時期に野球少年を目指して野球の練習ばかりしている人も、サッカーの練習ばかりしている人もいるし、親の勧《すす》めかどうかは知りませんが、将棋《しょうぎ》の勉強に行って、プロになろうとしてやっている人も、今たくさんいるだろうとは思います。また、今度は相撲《すもう》取りになりたいなどという方もいるでしょう。

まあ、どの世界も結局、思えばそのまま実現するようなことはなくて、たいへん厳しい、つらい修行《しゅぎょう》を経《へ》て、選ばれる者は少ないのです。それは勉強の世界であろうと、スポーツの世界であろうと、あるいはかるたや将棋やチェスや碁《ご》や、こういうちょっと知能を使うような競技のなかにおいても、同じは同じです。

食料、学歴、お金、病気など、「苦しみ」となるものはいくらでもある

また、私の父とか伯父《おじ》、伯母の世代あたりは、「戦後、何をして一旗揚《ひとはたあ》げるか」でみんな苦しんでいた時代です。小説を書こうとしていた人も伯父、伯母など四人ぐらいいましたけれども、三人は若いころに小説を書いていました。

実際に小説家としてプロになったのは伯母一人だけなのですが、うちの父も書いていました。平日はお勤めに行っていましたけれども、土曜の午後から日曜日とかは寝室《しんしつ》に小さな机を置いて原稿《げんこう》を書いていたのを、私は覚えています。普段は畳《たたみ》の六畳《じょう》で布団《ふとん》を敷《し》いて寝《ね》ているところで、布団を上げて、隅《すみ》のほうに小さいちゃぶ台みたいなものを置いて、日曜日に父親が小説を書いているのを覚えています。それで一旗揚げようとしていました。

私も読んだことはあることはあるのですが、それほど、やはり経験として面白《おもしろ》

い経験をしていなかったのかもしれません。あまり小説としては大したところまでは行かなかったようではありますけれども、もうちょっと時間が短くて済む俳句とか、そんなものはよく載《の》っていたりはしていたようでした。

それから、あとで絵を描《か》くようになった伯父もいるのですけれども、都庁のほうに勤めてはいました。その人も「若いころは、三十までは小説家になろうとしてやっていた」と言っていましたけれども、やはり才能足りずということで、次は絵を描き始めたのですが、何とか東京都の美術評議員になるぐらいまでは行って、号当たり十万円でしょうか――号というのははがき一枚ぐらいですが――絵で言うと、はがき一枚ぐらいが十万円で売れるぐらいの絵は描けるようにはなっていたのです。でも、大学時代に会って話を聴《き》いたりしたら、やはり、「東京藝《げい》大《だい》なんか入って油絵学科を出たり、日本画専攻《せんこう》とかを若いうちからやっているやつらには敵《かな》わん」という感じで、「才能があるよなあ」と言って、「自分で独学でやっていた者は、とても追いつかない」というようなことは言っていました。

小説家になった伯母などは、やはり年齢《ねんれい》のことはいつも気にしていて、「新人賞なんてもらっても、四十を過ぎていて、もう恥《は》ずかしい、恥ずかしい」と、いつも年齢のことを言っていました。「だいたい若くないと駄目《だめ》なの。二十代ぐらいでないと、新人賞なんて駄目なのよ」という感じで、「この年で新人賞なんかもらってもう恥ずかしい」とよく言っていましたが、やはり若い人のほうが賞を取ったりすると、あとは上がっていける可能性があるというようなことを言っていました。

父なども、母と一緒《いっしょ》に経済的なものを支えるのと、あとは子供が二人いたので、自分の勉強をする時間がなかったでしょう。自分で本を買って勉強するようなところまで行かなかったから、それは作家としては、とても成功できるような条件ではなかったというふうには思います。

書けるのは、みんな体験的なものしか書けないのですけれども、それも一回で終わってしまいます。資料を使う作家みたいになりますと、ある程度捨てるものは捨てないと無理になります。

だから、伯母も結婚《けっこん》もしなかったし、子供も育てなくてやっていました。そうでないと、小説など書けるものではなかったと思います。

そういうことで、世の中、時代の変遷《へんせん》もあるけれども、「食べていけない」から始まって、「学歴的に、いい学歴が取れない」ということなどいくらでもあるし、それから「お金が儲《もう》からない」とか「職業が選べない」とか「親が死んだ」とか「借金を残された」とか「会社が潰れた」とか「病気になった」とか、もう何でもありなので、「苦しみの世界」として捉《とら》えたら、もうほとんど何でも出てきます。すべて出てくるものではないかなというふうに思います。

3　受験エリートが出遭《であ》う「世の中の厳しさ」という苦しみ

小学校の〝お受験〟から始まる受験勉強の苦しみ

今は、都会では「親に強制されて勉強をさせられた」とかいうことで、受験勉強をさせて、受かることも落ちることもあるでしょうけれども、被害《ひがい》意識を持つ方も多いのだろうと思います。

ただ、（塾などに）行けなかった人がいるでしょうし、やはりそうは言っても、受験勉強をいろいろさせてもらうには、今テレビ（ドラマ）などでやっている〝お受験〟ものでは「必要なものは二つだ。それは『父親の経済力』と『母親の狂気《きょうき》』だ」と言われています。「〝お受験〟から始まって、中学受験、高校受験、大学受験には『父親の経済力』と『母親の狂気』、この二つが揃《そろ》えばいちおうできる」というようなことを言われていて、世の中もそんなに甘《あま》くはないというところでしょうか。

〝お受験〟といって、小学校受験あたりからやるところもあって、小学校受験用の塾《じゅく》もあるのですが、これはかわいそうかなという面もあるけれども、考え方としては「あとになるほど難しくなる」と考えているのです。「学年が上になるほど難しくなる」というふうなことを考えているのだと思います。受験するマーケットが大きくなっていくからです。

うちの子供も、小学校に上がる前のときに、今、当会の出版の社長（当時）をやっている○○さんという人が宗務《しゅうむ》のほうにいたのですけれども、その人が来て、「小学校受験をさせてください。長男と長女についてはさせてください」と言って、資料を出してきました。それは偏差値《へんさち》表でした。

慶應《けいおう》の幼稚舎《ようちしゃ》というのがわりに近い所にあって、歩いて行けるぐらいの所にあるのですが、「幼稚舎──小学校から入る場合は偏差値が六十です。中学校から入ると、もう偏差値が七十ぐらいまで来ています。高校から慶應に入ると、偏差値が七十五ぐらいまでもう来ています。大学は、偏差値が八十か八十を超《こ》えています。あとになるほど、これはきつくなるので、早く入ったほうが絶対得ですから、早く入ってエスカレーターで上がるに越《こ》したことはないです」と言って、二時間ぐらい説得はしてくれたのです。

しかし、親のほうが強気なのかバカなのかは分かりませんけれども、「慶應だったら、大学受験で受けたらいいんじゃないの」などと、両親ともそんな感じだったので、「まあ、受けたら受かるんじゃないの」「そんなに、小学校から行かなければいけないほどでもないし、小学校から行ったら、そのあと受験がないから勉強しないので、中身がちょっと危ないんじゃないの」と言っていました。

まあ、正直に言って慶應の内部では長くいるほど偉《えら》いことになっているのですが、本当は、学力はあとから入ってくる者ほど高いので、実際は大学に入ってから中学の英語とかをやり直したりしているような人がいっぱいいるのです。

それから、コネがいっぱい利《き》く世界であるのです。

子供の中学受験のときに聞いたのでは、田中角栄《たなかかくえい》の〝側室〟に――まあ、愛人というのか知らないけれども――産ませた子供の受験があって、いちおう慶應のほうは、時の権力者だから断れないから入《い》れたのは入れたのだけれども、「入れて、次の高校進学のときに追い出す」ということで、「『学力が足りませんので』と言って追い出すという手を使った」と言っていました。

同じころ聞いたのでは、最近はどうされているか知らないのですが、俳優や歌手をやった加山雄三《かやまゆうぞう》という人も、慶應に小学校から子供を入れていましたけれども、「広尾《ひろお》の、四《よん》方向から上がれる陸橋《りっきょう》の辺りの所が事故が多い」というので、その陸橋を建てる分、何億円も寄付したとかいうことで、それだけ寄付して入っているというのを聞いて、私も「はあ、さすがに、ちょっと親バカが過ぎるのではないか。それはどうかなあ。陸橋をねえ……。もう橋まで寄付して小学校に入れるのか」と思いました。

私たちはお金がかからずに受験したほうだからちょっと考えられないというか、私の親は受験料は払《はら》ってくれるけれども入学金は払ってくれないような親であったので、ちょっと考えられないことではあったのです。

また、中曽根《なかそね》さんが首相で、その孫が入るのに、首相が車に乗って、外側で待機して、秘書と一緒《いっしょ》に待っているとかいう――圧力をかけているのかどうか知らないけれども――そんな話も聞きました。

まあ、入《はい》れたのだろうとは思うのですけれども、いろいろコネがいっぱい利く世界であるので、私はちょっと嫌《いや》で、あまりそういうのは好きでないため、「実力で入ったらいいんじゃないの」ということでやったのです。おかげで、そういうルートを使ってもらえなかったので、子供のほうからは「ずいぶん余計な勉強をさせられた」というようなことを言われることもあります。

学歴の肩書《かたがき》だけで渡《わた》っていけるほど世の中は甘《あま》くはない

ただ、何十年か生きた人間として見ると、その肩書《かたがき》――「何とか入学」「何とか卒」みたいな肩書だけで世の中を渡《わた》っていけるほど甘《あま》くはないのです。だから、たとえ慶應を出たとしても、やはり実力がない者は、それは駄目《だめ》なのです。「慶應を出ているから社長にはなれるだろう」と思っても、実力がない者はやはり駄目なのです。

それは東大を出ても一緒です。東大を出ても、会社の社長になれるわけではない。むしろ、「東大神話が自分を苦しめた」などと言う人もいるわけです。「東大に行けなかったから自分が出世しなかったんだ」と思っている人もいっぱいいると思うのですが、実際、東大を出ていても、東大を出たのに出世しなかった人だって、いっぱいいいるのだということを知らないだろうということです。それを私はいっぱい見てきているから、「東大を出たって出世できない人はいっぱいいるんだよ。それはもっとつらいんだよ。知っているか」ということです。そういうことをやはり知らなければいけない。

だから、「ああ、あの人が出世したのは、東大に入ったから社長になったんだ」というようなことを考える人は多いのだけれども、そんなわけでもないのです。

私も商社に入ったけれども、商社はあまり、東大の人はどちらかといえば行きたがらないところでした。なぜかというと、実力主義なので、結果が出るからです。営業とかだったら商売は結果が出るし、それ以外のところでも結果が出ます。「利益が出たかどうか」「損失が出たかどうか」は結果が出るから、実績、数字はごまかせないので、やはり実績をあげた人が出世していくわけです。

それが嫌なので、東大出の人たちは、実績を問わないところへみんな行きたがる傾向《けいこう》がありました。

いちばん実績を問わないのは役所なのです。

だから、「在学中にできるだけ短期間、何年かだけ頑張《がんば》って役所に滑《すべ》り込《こ》んで、それもできるだけいい成績で滑り込めば、あとはもう定年のときまでの出世コースが見える」みたいなのがあって、これは、「いちばん早いうちに、ウサギ型で努力して入ってしまえばあとはいける」ということです。まず、これを狙《ねら》うし、その次は、「先輩《せんぱい》がいっぱいいるところに行けば、順繰《じゅんぐ》りに上げてくれる」というので、そこへ行きたがります。

そのため、そういう「実力で競《きそ》わされるようなところに行く」というのは東大出の人たちにとっては最悪に近いものではありました。

エリートで入社しても人間関係や仕事の失敗で没落《ぼつらく》する人もいる

私も商社には入ったのだけれども、最初、入って「変なおじさんがいるなあ」と思って見ていた人がいました。五十代、五十ちょっとかぐらいだろうけれども、実際よりもっと年を取って見えるのです。ちょっと、サングラスのようにくすんだ眼鏡《めがね》をかけて、（体をユラユラさせながら）こういう感じで来て、ポッポと郵便物を机の上に置いていったりする人がいて、「変な人がいるなあ。こんな人を雇《やと》っているんだ」と思っていました。

すると、上司が来て、「ああ。あれ、君の先輩なんだよ、知っているか？　入ったときはエリートだったんだよ。三十年後は、ああなんだよ」と言ったのです。だから、ヒラです。ヒラであり、定年まで給料をもらうためだけにいるわけですけれども、〝ポストマン〟になっているわけです。ポストマンというか、社内の郵便物が各部門別に来るので、それをいろいろなところに配布して回るだけのことをやっているのです。

「あれ、君の先輩だよ」「えっ?」「東大法学部卒だよ」「えっ?」「君は、今はエリートとして入っているが、三十年後、ああなっている人もいるんだから、気をつけたほうがいいよ。失敗する場合は、たいていは、人間関係の失敗、これは大きいことは大きいが、次はもちろん仕事上で商売の失敗をして、そうなる場合もあるんだよ」ということで、そういうような人もいました。

それは、役所であってもそうです。役所は、〝エスカレーター〟で上がれるかと思ったらそうでもなくて、「同学年で二十人採《と》るけれども、局長まで行けるのは四人ぐらいで、次官になれるのは二年に一人」というぐらいの感じだったのです。

だから、途中《とちゅう》でもう上がれないのが分かってきたら、ほかのところへ転職する人もいたし、窓から飛び降りる人もいましたから、なかなか、それもそんなにいいものでもないかもしれません。

どの世界に行っても、やはりつらいことはあるのです。役所などでも、海外に行っているときだけちょっと楽ができて、国内ではもう夜の十二時、午前三時までとかが繰り返しあるような――財務省みたいなところはそうでしたけれども――もうほとんど体力仕事です。「家へ帰ってこないので、結婚《けっこん》してもすぐ離婚《りこん》」「離婚になるか、自殺するか」みたいな感じのところも多かったのです。

東大を出ても実社会で出世するには努力が要《い》る

世の中、うまい話はそんなに転がっていないので、神話みたいに「これをやればうまくいく」とかいう話もいっぱいあるけれども、それはトータルで見ればそうかもしれないし、見聞きした知人がそうであったかもしれないけれども、その人がそうなるわけでは必ずしもありません。

例えば、幸福の科学だったら、理事長も早稲田《わせだ》ですけれども、早稲田がわりあい昔からちょっと出世する傾向はあるのです。理事長の早稲田（卒）が何人かいたからというのもあるのかもしれません。

けれども、早稲田を出ているから別に偉くなれるわけでは必ずしもないわけで、早稲田に行けば同学年はもう一万人もいるわけですから、みんなそれぞれいろいろなところに行って、出世する人もしない人も、もういっぱいでしょう。それはもう、銀杏《いちょう》の枯《か》れ落ち葉の下から銀杏《ぎんなん》を拾うようなもので、「当たるも八卦《はっけ》、当たらぬも八卦」だと思います。

ただ、言えることとしては、「早稲田の卒業生が、適度な知性と、適度な体力と、適度な雑巾《ぞうきん》がけ的根性《こんじょう》を持っている」というのは、だいたいは言える感じがあって、そういうところは、やや宗教的には有利に働いているのかなという感じはあります。

慶應などだと、その雑巾がけの精神が少し足りない感じがあって、貴族的なところが少し出てくるようなところがあります。ちょっと、若いときに使いにくいみたいな感じのところはあるのです。

東大の場合は分かれますが、やはり、やっている学問に実用性がないので、実社会で使えるようなことは教えていないのです。アカデミックなことを教えるのです。

だから、一般《いっぱん》教養は一般教養だし、英語でも、みんな本当は会社へ入ったら即《そく》戦力になるような英語を大学で教えてくれれば、入ったらすぐ使えて海外へ行けたりもするのだけれども、そんなものよりは、先生は、それは、シェークスピアから始まって、もう古典的な、少なくとも百年ぐらい前のものを読ませます。先生はそんな研究をしているから、研究者だから授業のために予習するのは面倒《めんどう》くさいから、自分が翻訳《ほんやく》しようとか研究しているものを授業でやるのです。それは、そういうものを教わっても、会社に入って実用英語など全然できやしないのです。まったく違《ちが》う英語ですから、それは、「シェークスピアの台詞《せりふ》をいかに上手に訳すか」などをやったところで（実用英語など）できやしないのは一緒で、全然別の英語があるというのを私もあとから知りました。

だから、「東大を出て、そのあと、実社会で出世した」という方については、本当に、エリートコースがあるようなところを上がった人の場合はありえるとは思うのだけれども、それ以外の人は、独自で学力を身につけて、経験を積んで努力された方なのかなというふうに思います。

特に宗教などはいちばん向いていないのです。東大出の人の場合――まあ、生き残っている人もいるから頑張ったのだろうとは思いますが――東大を出て人柄《ひとがら》のいい人の場合は生き残っている人もいるし、謙虚《けんきょ》で忍耐力《にんたいりょく》のある人には、十年、二十年やっているうちに、だんだん認められていっているような人もいて、残っている方もいます。しかし「自分は偉いのだ」などと、（鼻を伸ばすしぐさをして）こんな感じで天狗《てんぐ》になっているような人の場合は、もう最初の数年のうちにけっこう弾《はじ》かれてしまうことも多いのです。また、管理職になると、今度は下に厳しすぎて、人がついてこないなどということもあったりして、あまりうまくいっていないのです。見ているかぎりはうまくいっていないのです。

どちらかというと、この世的なほうで出世するほうが目的の大学であろうから、「この世的でない、宗教の世界で出世する」というのなら、あまり向いていない学校だなというふうに私は思っています。

宗教家でも普通《ふつう》の社会で必要な実務能力は要求される

私自身も勉強はしたけれども、結局は、宗教のほうで役に立っているのは、そういう「学校の単位などを取るためにやった勉強」ではないところです。それ以外のところをプラスアルファで、自分で独学で、教養なり、あるいは宗教的なバックグラウンドのものをやったものが役に立っているので、学校で単位を取るためにやったような勉強はほとんど役には立っていないのです。

ただ、一般社会の仕事の論理とか仕組みとかを勉強する意味での教養にはなっているとは思うし、多少、認識が高くなるという面はあったかとは思うけれども、宗教家になるには有利ではなかったというふうに自分では思っています。

さらには、文学的素養があるほうが、宗教家になるのは有利かなと思うことは思うのですが、実際の実務になりますと、今度はちょっと違ってきて、「キチッと仕事が間違わずに、正確にスピーディーにできて、判断が間違いなくできて、やれる」という、この世の普通《ふつう》の社会でも必要な能力も要求されることになります。

だから、そういう「古典ばかりを読みました」とかいうような方、例えば「ギリシャ哲学《てつがく》ばかりを読んでいました」とかいうような方が来ても、ある程度、宗教も親戚《しんせき》みたいなものだから、入りやすいことは入りやすいけれども、仕事で、例えば支部に配属されたりすると、「何だか鈍臭《どんくさ》いわね」みたいなことを言われることもあります。残念ですけれども、そういうことはあります。

英語が「実用英語」ではよくできても、「宗教英語」としてはそれがいいかどうかとなったら、また別の話であり、実務の何か契約《けいやく》書類のやり取りをするような英語をいくら発信しても、人は感動しないのです。だから、宗教的には、それで説得されて入信したりしないというようなことがあって、宗教的に人を感動させたり信仰《しんこう》させるような英語を使えなければいけない。

これまた、もう未知なるもので、勉強しないと無理なのです。「どういう英語だったら感動し、どういう英語なら感動しないか」などということは分からなかったのです。

これについても、私も手探《てさぐ》りでやっていて、まだちょっと途中ですけれども、いわゆる英語の実力とはちょっと違うものがやはりあるだろうなと思います。要するに、情緒《じょうちょ》、情操のところを動かせるような英語を使わないかぎり、人というのは、感動して泣いてくれたりはしません。ロジカルなだけでは、残念ながら入ってはくれない。むしろ、ブロークン（イングリッシュ）でもいいから胸を打つようなことを言ってくれれば、入ってくる人はいるということです。

だから、勉強しなければいけないのです。世の中、本当に難しいのです。

4　釈尊《しゃくそん》の説いた「四苦八苦《しくはっく》」の苦しみは現代にもある

若いときのようにはいかないという「老いる苦しみ」

「苦しみの世界」というのをもうちょっと定型化して言うとしたら、これは釈《しゃく》尊《そん》の言葉になろうけれども、「四苦八苦《しくはっく》の世界」だろうと思います。

生《しょう》・老《ろう》・病《びょう》・死《し》――。まあ、「生まれてくる苦しみ」はもう忘れているかもしれないけれども、「老いる苦しみ」は、じわじわ、私なども感じます。

今日も、当会の「第二エンゼル精舎《しょうじゃ》（託児型の宗教教育施設）」が建立《こんりゅう》されたので、その視察をしてから帰ってきているわけですけれども、それに行く前に、もう十二年前になるのか（説法当時）、二〇一〇年ぐらいの「ブラジル正心館《しょうしんかん》での講演」を観《み》ていました。

二十四時間かかったか、三十時間近くかかって、ブラジルにお昼前ぐらいに着いて、その日は、もう興奮していたのです。ブラジル正心館にボランティアの人が二百人ぐらい集まっていたので、もったいないし、興奮して寝《ね》れやしないので、「もう、その日のうちに、『到着第一声《とうちゃく》』で講演する」というのでやったものを、第二エンゼル精舎を見に行く前にちょっと観ていたのです。六十分ぐらいの話かと思いますけれども、今の私より少し痩《や》せていて、残念ながら、やはりもうちょっと若かったのです。

十二年前はもうちょっと若かった。「悔《くや》しいが、若いなあ。若くて元気そうだな」と思って、ちょっと悔しい面はあるけれども、「さすが、二十何時間かかって着いて、その場で講演するというのは、やはり体力があったのかな」と思うところもあるのです。

まあ、「老いる苦しみ」というのは、やはりあります。「これから襲《おそ》ってくるのだろう」「だんだん、毎年毎年、これとの戦いだろう」と思うのですけれども。

平均的に言えば、「まだ私は四十代ぐらいの体力は持っている」とは思ってはいるのですけれども、そういう強いスポーツや運動になると、それは若いときのようにはもういかないようにはなっているだろうとは思っています。

幸いにして、頭のほうは、鍛《きた》え続ければなかなかボケないものであるのです。私と同じ年ぐらいの人は、だいたい定年になったりして、もう、会社を辞《や》めたり役所を辞めたりしてきている人は多いのですけれども、私は、勉強は続けているので、頭のほうはどうかというと、蓄積《ちくせき》効果もあって――若いころは、ずいぶん要領の悪い人間だということを自分では思っていたのだけれども――若いころに比べれば、何でも、やることは速くはなってきたかなと思います。

これは、もう知っていることが多くなってきたからだろうと思うのです。

「みんなが『これから勉強しなければいけない』と思っているようなことについて、もう勉強が終わっているから速い」というか、昔、若いころにやったか、中年ぐらいのときにもう一回勉強し直しているかで、今回が三回目とか、そういうようなことが多いから、ちょっと速くはなっているのです。おそらく脳も少しは年を取るのだろうけれども、訓練により、やや、老化してそうなるのは遅《おく》れているような気がします。

若いころを見ると、一九九〇年代の初めぐらいだったら三十五歳《さい》前後からあたりなのですが、その若いころは、年間の平均説法《せっぽう》数を当時いた理事長が計算していて、確か、「先生の年間平均説法数は十八・八回です」と言っていたのを覚えています。

けれども、今は年間百八十回ぐらいを平均でやっていますから、十倍ぐらいやっています。

最新情報は、
映画『ドラゴン・ハート―霊界探訪記―』公式サイトをご覧ください。
https://hs-movies.jp/dragon-heart/

では、「三十五歳ぐらいで、年間百八十回説法ができるか」といったら、できないのです。なぜできないかというと、中身がそこまでないからです。百八十回も行ったら、もう、中身がカラカラになってしまって、振《ふ》っても出てこなくなってきます。

だから、「十八回ぐらい」というのは、それは「勉強」と「体力」と「社会的な承認度」とを合わせて、そのくらいの感じだったのでしょう。

説法《せっぽう》を続けながら組織づくりの勉強をすることは大変なもの

さらに、総本山《そうほんざん》を建て始めたあたりで、今度は「建設費」という重みがかかってきて、「これを回収しなければいけない」となったら、「もっと働いてもらわなければいけない」と幹部たちは思うところに、余計、働けなくなってくるみたいな感じで説法がグーッと減ってきて、もう本当に、年に二、三本ぐらいまで減ったときもありました。

そのころは、実務ばかりやっていたのです。何をやっていたかというと、「総務部の仕事はこうするべきである」とか「経理はこうすべきだ」とか「伝道のトークはこういうふうにするべきだ」とか「成果はこういうふうに測るべきだ」とか、「支部と本部が、決算が連結していないなんて、信じられない。うわあーっ、商社時代にやったことをもう一回、教え直さなければいけない」みたいな感じでした。

多少、そういう金融《きんゆう》経験がある人を集めたつもりでいたのに、私がやっていたほど、全社的な経営状態をつかむような仕事をやっている人はいなかったのだろうと思うのです。みんな、部門の仕事しかしていなかったので、全体がつながっていなかったということです。

これは衝撃《しょうげき》であり、地方銀行の支店長をやった人も財務部長で入れていたのですけれども、つかんでいないのです。これはこれでびっくりで、要するに、今のエル・カンターレ信仰《しんこう》伝道局、当時の活動推進局に「支部で幾《いく》ら寄付がありました」とか「本が売れました」とかいう数字の報告が来る。そこから聞いてつかんでいるだけで、「本当に銀行の口座に入っているかどうか」など確認していないので、連結していないのです。

「入っているはずのお金が入っていない」「『〝これから買う〟とか〝これから寄付がある〟とかいう話があった』という話が経理処理に使われている」というようなことで、もう真《ま》っ青《さお》になるような状態でした。「そんなことでやっているとは」と――。

だから、「総裁がそこまで入らなければできなかった」というのが四、五年目ぐらいのレベルだったと思うのですが、これだと、説法《せっぽう》ができないのです。仕事の仕方を教えなければいけないからです。

また、支部長になっても、支部長として何を話したらいいか分からないから、支部長が話をするためのまた材料をつくってやらなければいけないのです。

ひどいときには、月刊誌に連載《れんさい》している説法——これは会員に見せるための説法ですけれども——月刊誌の一回三十分ぐらいの説法を毎月本部でしていたのですけれども、三十分の説法が終わったあと、指導研修局用に一時間半ぐらい、それの解説をしていました。自分が先ほど三十分みんなの前で話をした内容について、一時間半ぐらいまた講義をしていたのです。彼らはそれをレジュメにつくって〝威張《いば》る〟仕事をしているわけですが、こんなものに吸われていって仕事が全然できないような状態もけっこう多かったのです。

そういうわけで、けっこう〝ぬかるんで〟いました。いろいろな意味で、ぬかるんでいまして、まあ、一代で興《おこ》した会社の社長もオールマイティーでなければいけないのだけれども、教祖もオールマイティーでなければいけないのです。

何でもできなければいけないので、これはきついのです。自分のできることはもういいですけれども、「できなかったこと・もの」についても、あるいは「勉強し残したところ」についても勉強しなければいけなくなって、これを全部カバーしなければいけなくなってくるので、いやあ、それは大変でした。

だから、勉強という意味では、学生時代よりもっときつかったのです。

前妻なども、私の勉強している姿を見て、「これは、受験勉強よりきついんじゃないか」と言っていたけれども、そうだったのではないかなと思います。「受験でこんなには勉強はしない」と他人事《ひとごと》みたいに言っていましたけれども、いや、それは、「説法し続けて、それから、組織をつくっていくために勉強する」というのはどれだけやらなければいけないかといったら、それは大変なものなのです。個人で給料をもらうためだけに働くぐらいの勉強だったら、もうちょっと楽でしたけれども、「いや、それどころではない」という状況《じょうきょう》でありました。

もう本当に死に物狂《ぐる》いでやっていて、「事典類まで読むぐらいまでやっていた」というぐらいの勉強ですから、それは受験レベルよりきつかったかもしれません。そして、「勉強のために時間を取らなければいけないけれども、働いていないと怒《おこ》られるから、働いているようにも見せなければいけないし……」みたいな感じで、どう調整していくかは、とても難しかったことはあります。

だから、危機は何回かありました。

そういうのもあれば、今度はマスコミのほうで、職員になったけれども辞めさせた人とか、幹部でもう能力がなくて辞めてもらった人などが、週刊誌に「ユダ」のように売るのです。いろいろなことを、裏ネタを売り込《こ》んで、それが記事になったりしていたのです。

「どうだ、ざまあみろ」みたいな感じで、「俺《おれ》をクビにしたけれども、こんな力があるんだぞ」みたいに見せることをする人が多いので、また、こんなものも相

郵便はがき

料金受取人払郵便

赤坂局承認

6386

差出有効期間
2026年10月
31日まで
（切手不要）

1 0 7 - 8 7 9 0

112

東京都港区赤坂2丁目10－8
幸福の科学出版（株）
読者アンケート係 行

ご購読ありがとうございました。お手数ですが、今回ご購読いただいた書籍名をご記入ください。

書籍名

フリガナ お名前	男・女	歳
ご住所 〒　　都道府県		
お電話（　　　）　―		
e-mail アドレス		
新刊案内等をお送りしてもよろしいですか？ [はい（DM・メール）・いいえ]		
ご職業 ①会社員 ②経営者・役員 ③自営業 ④公務員 ⑤教員・研究者 ⑥主婦 ⑦学生 ⑧パート・アルバイト ⑨定年退職 ⑩他（　　）		

プレゼント＆読者アンケート

皆様のご感想をお待ちしております。本ハガキ、もしくは、右記の二次元コードよりお答えいただいた方に、抽選で幸福の科学出版の書籍・雑誌をプレゼント致します。

（発表は発送をもってかえさせていただきます。）

1 本書をどのようにお知りになりましたか？

2 本書をお読みになったご感想を、ご自由にお書きください。

3 今後読みたいテーマなどがありましたら、お書きください。

ご感想を匿名にて広告等に掲載させていただくことがございます。

ご記入いただきました個人情報については、同意なく他の目的で使用することはございません。


ご協力ありがとうございました！

手にしなければいけないということで、「どうやって言い返したらいいか」ということを説明して、つくらなければいけないのです。

弁護士などにも、「どう戦うべきか」をこちらが教えなければいけない状況もあったりして、まあ大変でした。こちらになると、法学部の勉強でもう終わっていたのを、またもう一回やり直さなければいけないような状況も続いていました。だから、オールマイティーでなければいけないし、ストックが溜《た》まらなければいけないし、あと、組織が続いていくように構造をつくらなければいけないという意味では、とても大変ではあったかなというふうに思います。

若い人にもかかわる「愛別離苦《あいべつりく》」「怨憎会苦《おんぞうえく》」「五陰盛苦《ごおんじょうく》」の問題

「生・老・病・死」について、あとは、「病気になる苦しみ」も経験して、話もしましたし、それから、「死ぬ苦しみ」です。これからあと、「晩年の法」として、これをだいぶ詳《くわ》しくしていかなければいけないとは思っています。高齢《こうれい》になった方にとっては、死は大事な問題ですので、「死後の世界」と「死に立ち向かう覚《かく》悟《ご》」についても、これから話をしていかなければいけないと思いますが、こうした一四苦」以外の問題もあります。

若い人も入れた苦しみで言えば、例えば、「怨憎会苦《おんぞうえく》」や「愛別離苦《あいべつりく》」―「憎《にく》い者と出会わなければいけない苦しみ」、それから「愛している者と別れなければいけない苦しみ」、これはもう、何十年か生きていたら必ず出てくるものでしょう。

例えば、知り合いとか付き合いのあった人でも、いい人ほど早く死ぬものです。そして、「いや、こいつ、早く死ねばいいのに」―宗教家として言ってはならない言葉ですけれども―と思うような人ほど、なかなか死なないものであり、「しぶとい」のです。それで、いい人は早く死んだり、残念なことに不幸になったりすることはわりあい多い。

だから、愛している者と別れ、お互《たが》い憎しみ合うような者と出会うことが多くなります。

それから、若い人は特にそうなのだと思うのですけれども、先ほどの「歌舞伎《かぶき》町《ちょう》の夢」でもそうでしたが、「五陰《ごおん》（五蘊《ごうん》）盛苦《じょうく》」があります。要するに、眼《げん》・耳《に》・鼻《び》・舌《ぜつ》・身《しん》です。こういう、「眼《め》で見て、耳で聞き、鼻で感じ、舌で感じ、手で感じる」、その「肉体で持っている感じ」です。これを束《たば》ねている「煩悩《ぼんのう》」、これは「生存欲」でもあるし、食欲、性欲、睡眠欲《すいみんよく》、その他いろいろな、生物体として生きていくための「成長欲」でもあるし「生命維持《いじ》欲《よく》」でもある。それから、動物などでも弱いと食べられてしまいますから、餌《えさ》にされてしまうので、人の犠牲《ぎせい》にされたりしないためには戦う力も必要になる。

こうした煩悩が燃え盛《さか》ってくるけれども、これが、若い時代は抑《おさ》えられないので苦しいのです。若い時代は、食欲もありますから、腹いっぱい食べるのだけれども、また、活動エネルギーもあって、それがいいことばかりに使えればいいけれども、「黙《だま》っていろ」とか「じっと座《すわ》っていろ」とか言われたら、みんなおかしくなってくるので、別のサイドワークをし始めて、いろいろ問題を起こしたりするようになってきます。

だから、もう本当に、お酒を飲んで、例えばご飯《はん》を食べたりしていると、サラリーマンでも一日三千キロカロリー以上摂《と》るようになりますけれども、これはカロリー過多になってきます。それを、スポーツをやって減らす人もいるけれども、異性に走る人もいる。異性に走る人も、いい人をつかまえてうまいことといけば、それは成功のルートもあると思うのだけれども、この煩悩だけで、とんでもない人につかまったりするようなことだってあるわけで、みすみす不幸になることもあります。

自分は親を責めて、「親の子育てが下手《へた》だった」とか「ほっとかれた」とか「十分でなかった」とか「小遣《こづか》いが少なかった」とか、不平不満はいくらでもあるのですが、いざ実際に自分が親になったらどうなるかというと、勝手に恋愛《れんあい》して、勝手に異性と交遊して子供が生まれたりしたら、もうあとは責任が持てない状態が来たりして、自分ほどにも面倒《めんどう》を見てもらえない子供をつくることになったりする。それでまた、その子供が不良になったり、非行に走ったり、社会問題化したりしてくることが出てくるわけで、世の中に迷惑《めいわく》をかけて、ほかの人がその世話をしなければいけなくなる事態が出てきます。

そういう煩悩のままにやって、結局、世間様《せけん》にお世話になることのほうが多くなります。

これはいくら言っても、もう分かりません。若い人の場合、もう分からないのです。「食欲を止めろ」と言って止められないのと、ほぼ一緒《いっしょ》です。もう、お腹《なか》が空《す》いてバクバク食べているのを「半分にしろ」と言っても半分にならないのと同じで、性欲も止まらないのです。止まらないから、せめて、せめて「理性的判断」ができるように希望するのみです。

だから、「こういう場合では、こういう失敗をした人がいる」という実例をよく知っていることです。「こういう人はわりあいうまくいっている」とかいうことは世間を見れば分かるし、週刊誌だとか新聞紙とかテレビとか、いろいろなもので出てきていますので、こういうのを見たら、「こういうふうになったら、こうなるんだな」「こういうふうにはならないようにしよう」「この人はこれでうまくいったんだな」とかいうのを見分けて、自分の性格を見て、だいたい理性的になるべく判断するように努力なされたらいいとは思います。ただ、おそらくは、いくら言っても駄目《だめ》だろうと思います。

駄目だろうと思うけれども、大人がそうやって思春期の子供に説教する理由は、自分もいっぱい失敗していることが多いわけで、本当はいっぱい失敗して痛い目に遭《あ》ったりしているので、同じようなことにならないようにと思って言っていることが本当は多いのです。あるいは、自分の経験でなくても、会社のなかとか同級生とかで、いろいろなかたちで失敗したりしている人を見てきているから、それを言っているのだけれども、親の心子知らずで、子供には分からないことのほうが多いのです。

5 成功に伴《ともな》う代償《だいしょう》の苦しみ

特権階級であっても「求めても得られない苦しみ」はある

それから、トータルで言うと、「求不得苦《ぐふとくく》」と言いますけれども「求めても得られない苦しみ」、これから逃《のが》れられる人は、ある意味ではいないかもしれない。どこまで求めても、「これで満足で百点満点。もう言うことありません」というようなことは、どの職業に就《つ》いても、どんな家に生まれても、どんな国に生まれても、ありえません。

日本国憲法によれば、国民は平等です。憲法十四条により、日本国民は貴族制を廃《はい》して平等ということになっています。

この平等の例外があるのは、皇室です。皇室には平等の例外があって、最初から、もう第一章第一条が「天皇」から始まって、あと、皇室典範《てんぱん》があって、皇室は別の扱《あつか》いをされています。その代わり、姓名《せいめい》の姓もありません。姓は〝日本〟で、名前だけしかない。

だから、皇室では長らく、受験して成功したことはありませんでした。今回、お世継《よつ》ぎかどうか知らないけれども――何か学校間の取引の面もあって普通《ふつう》の受験をしたようにも見えるけれども――国立の高校に入られた皇室の方もいらっしゃいますが、今までなかったのです。なかったというのも、塾《じゅく》に行くこともできないし、それで成績を貼《は》り出されるのも困るからでしょう。そんな、「〇〇の宮さま、何点で、何番です」などというのは実に困るし、また、警察がついてきたり侍従《じじゅう》がついてきても困るから、これはできないでしょう。

だから、「皇室なんか、ちょっと雲上人《うんじょうびと》で、別かなあ」と思っていたら、今はもう「逃《に》げ出す」ということで、みんな若い人たちは「皇室からどうやって逃げ出すか」になっているのです。

まずは、皇室から逃げ出す前に、皇室用につくられたものであるけれども「学習院からどうやって逃げ出すか」というのでも、若い姫様《ひめさま》から息子《むすこ》さんから、みんながしています。「学習院から逃げ出す。ほかのルートへ行けば遊べる」というルートです。「私服警察とかいうのに追われているのを撒《ま》きながら、どうやって遊ぶか」というのを、「海外に留学しているときはチャンス」ということで海外に行きたがる、または「ほかの大学だと監視《かんし》が緩《ゆる》い」とか、そういうようなことで、今は皇室も揺《ゆ》れています。

だから、「特権階級であれば」と思っていたけれども、実はそうでもなくて、「普通の人間みたいな自由が欲《ほ》しい。基本的人権はないのか」という、そういう叫《さけ》びです。

それと、週刊誌に叩《たた》かれて、「理不尽《りふじん》である」というようなことを（皇室側も）一生懸命《いっしょうけんめい》言わなければいけないけれども、憲法の規定が適用されていないのですから、同じではないのです。国民の定義のなかに入っているかどうかでいえば、「納税の義務」はあるのですけれども、一般《いっぱん》の国民の定義のなかに入っていないのです。

また、私有財産やら公有財産やら、本当によく分からない。皇居に住んでいるけれども、あの丸《まる》の内《うち》のなかのど真ん中の皇居を売ったら、いったい幾《いく》らの財産になるのか分かりませんが、ものすごいことになるかもしれません。あそこは高層ビルをいくらでも建てられる場所でありましょうから、あれを売ればすごいでしょう。ちょっと、これを計算したらさすがに不敬罪に当たるから、それは計算した人はいないでしょうから、私は見たことがないのですけれども。

タイの国王だと、国王の個人資産は四兆円あるというのを書いてあります。その代わり、それについて国王に対して失礼なことを言ったりしたら、すぐに刑務《けいむ》所《しょ》に放り込《こ》まれることになっていて、そういう「不敬罪」で護《まも》られているわけです。

日本では不敬罪はなくなったので、ちょっと週刊誌などに叩かれると、「自由でない」と言って暴《あば》れていらっしゃいます。

そういうことで、刑務所のなかにいても自由でないが、皇居のなかにいても自由でない。「自由でない」の内容の質は違《ちが》うけれども、「自分にないものが欲しい」という意味では、そういうことになります。

だから、「求不得苦」です。「好きな人と結婚《けっこん》して何が悪いの」「なんでみんなが反対する?」「訳が分からない」とかいうようなことを若い人は言うわけです。

それで、ニューヨークなどに単身、結婚に行くお姫様も出てきたりもします。

雅子《まさこ》さまのときなどの結婚でも、家系をいろいろ調べて、お祖父《じい》様が「チッソ」という会社の代表取締役《とりしまりやく》か何かで、公害を出したことがあるというようなことが問題になるかならないかみたいな議論は、何かしていたような気がするのです。「お祖父さんあたりの会社が、何か公害みたいなのを出したかどうか」みたいなものまで吟味《ぎんみ》されるとか、「そんなのまで言われると、ちょっとかなわんですな」という感じはあるでしょう。

それから、美智子《みちこ》さまが（お嫁に）行ったときも、日清《にっしん》製粉の社長の令嬢《れいじょう》ですけれども、なかに入ったら、侍女たち、侍従たちには「粉屋の娘《むすめ》」などと言われて、自分でご飯《はん》をつくったら「民間人、卑《いや》しいわねえ」というような感じとか、自分のおっぱいをやっても「いやらしい」「身分が低い」というようなことを言われたり、「乳母《うば》がやるものだ」というような感じのことを言われたりして、けっこうなかでは大変だったみたいです。

立場が上がれば上がるほど、批判や攻撃《こうげき》を受けるようになる

「求不得苦」、求めても得られない苦しみを言えば、もうきりがないのです。これはどこに行っても、もう国王であろうが大統領であろうが、もう、どうにもならないのです。あるいは、一文無《いちもんな》しであろうが乞食《こじき》であろうが、誰《だれ》だってみんなこれは当てはまるのです。

だから、プーチン大統領がウクライナを攻撃《こうげき》できても、世界のマスコミの悪口を止めることはできないのです。大統領としては読みたくはないし、読ませたくもない。でも、止めることはできない。マスコミを全部空爆《くうばく》するわけにはいかない。

そういう意味で、自分の思うようにならない。大人になればなるほど思うようにならないし、立場が上がれば上がるほど、批判や攻撃を受けるようになる。そ

れをある程度受け止めなければいけないこともあるし、跳《は》ね返さなければいけないものもある。このへんの加減はとても難しいと思います。

言論の自由はあるから、批判する者も、される者も出てくる世の中です。それで、ロジカルに批判してもいい場合もあるし、だんだん大きくなってくると、批判を受けるほうが多くて、批判し返さないようになります。

首相などになったら、とたんに、悪口をいくら書かれても、ほとんど言い返すことはない状態になります。大臣になら言わないことでも、首相にだったら言えるとか、議員なら言われないことでも、大臣になったら言われることとか、それはもう目に見えない不文律《ふぶんりつ》なので、これはもう分からない。「攻撃を受けて初めて分かる」というようなことです。

私などでも、一九九〇年ぐらいまでは大きな講演会をやっていたし、九〇年には、幕張《まくはり》メッセで年五回ぐらいは講演会をやったと思うのです。もう一万数千から二万人ぐらいの講演会をやっていても、マスコミはどこも取り扱いはしないし、新聞にも載《の》らないし、テレビも流れないし、週刊誌も載らないから、「何だ、ずいぶん宗教をバカにして無視してるなあ」と思っていたら、いきなり「フォーカス」などという新潮社のカメラマンが四人も朝から忍《しの》び込んできて、もうガシャガシャに撮《と》られて、あっという間にもう、やられました。

住んでいた家はレンタルの家でしたけれども、出口が一カ所しかなくて、玄関《げんかん》から外の門までがちょっと細い長い道で、そこからしか出られないので、そこを張り込まれたらもうどこも出入《でい》りができないということで、慌《あわ》てて引っ越《こ》しとなりました。高田馬場《たかだのばば》の近くの、早稲田《わせだ》の理工学部の裏のマンションに八カ月間潜《ひそ》んでいたというか、私は一歩も出たことがない。八カ月間、もう夜逃げ同然で入って、家からは外は出たことはない。あと、車で出勤したことはありますけれども、車で出るときも二台で出て、別の方向に走って出勤するみたいな感じでした。

追跡《ついせき》されることがあるからです。

そんな思いを初めてしましたが、「まったく何にも、もう取り扱ってくれないなあ」と思ったら、急にワーッと出始めたのです。九一年は、宗教法人を取ったときと東京ドームで講演会をやったときは、もうそれはいっぱいいろいろなものに書かれて、相手をしたものもあるし、しなかったものもあるし、〝十年戦争〟にほとんどなりました。

それから三十年以上たって、ある程度、全体的には落ち着いてきましたが、世代が変わってきて、そうしたときにそういう戦いをいろいろしてきたことを知らない人も増えてきてはいるのだろうなと思います。

だから、批判を受け始めたら、ある程度有名になってきたということだし、それは公人になってきているということであり、「公人として受けるべき批判」と、「まったくの捏造《ねつぞう》やフェイクで、受けてはいけない批判」と、両方あると思うのです。このへんを分けていかなければいけない。自分が成長していくにつれて、立場が変わってきて扱いも変わっていくのだということを、いろいろな人が投げてくる弾《たま》を見て判断するようにしなければいけないということです。

成功には必ず代償《だいしょう》を伴《ともな》いますので、どうしても「シャドー」という、影《かげ》の部分が出てきます。影なしに、光に当たって輝《かがや》くということは難しいのです。スポットライトが当たるということは、影もできるということになります。

スポットライトが当たらなかった場合は成功していないということなので、そして、不平不満が溜《た》まるわけです。自分自身のなかに不平不満が溜まります。

一方、スポットライトが当たったら、今度は影ができる。いろいろなところでマイナスのところを責められるとか、こんなことが始まってきて、ほかの人が言われないようなことまで言われるようなこともあるし、嘘《うそ》もいっぱい横行するようになります。

これにどこまで耐《た》えられるかも、一つの「器《うつわ》の勝負」であるとは思うのです。人間として成功し続けることは難しいことです。本当に毎年毎年の精進《しょうじん》が要《い》るし、ある程度この世的に成功したとしても、晩節を汚《けが》すかどうかという問題まであることはあるのです。

経営者で言うと六十五歳《さい》から先、死ぬまでの間に、これから会社が傾《かたむ》いたりとか、会社が赤字に転落したり、倒産《とうさん》したり、あるいはスキャンダル等を起こしたりするようなこともあるし、税務調査などで、脱税《だつぜい》で挙げられたりするようなこともあるし、いろいろ出てきます。社会が変動して、今までの仕組みが変わってくることだってあるわけです。だから、何十年も戦って勝ち続けるということは、とても難しいことだろうと思います。

「常勝《じょうしょう》思考」という話を最初のころから、三十二歳ぐらいから言ってはいるのですけれども、「勝ち続けることは難しい。けれども、勝てるべきは勝ち、負けたら、そのなかから教訓をつかんで立ち上がって、同じ間違いを犯《おか》さないようにするにはどうしたらいいか。そして、その間違いを次の成功の種子、種にするにはどうしたらいいか、これを考えることが大事だ」ということを自分も言っていました。三十二歳の若造で言っておりましたけれども、今も、それから三十数年たってまだ、気持ち的には同じようなところはあります。

ただ、若いころ、すごいダメージを受けたり、「失敗した」と思ったようなことでも、何十年かキャリアを積んだ分だけ戻《もど》しが早いことは早くなって、船が傾いても戻しが早くなってきたり、障害物を察知するのは早くなってきているものも多いかなというふうに思います。

6　苦しみの世界から逃《のが》れる方法は「永遠の生命」の自覚

生身《なまみ》の人間であるかぎり、「批判」や「ささやかな失敗」は出続ける

ただ、最後に言っておきたいことは、「マイナス評価」とか、「批判」とか、「自分のささやかな失敗」とか、そういうものが全部、まったくない世界に入れるかといったら、それは無理だということで、生身《なまみ》の人間であるかぎり、それは出続けますよということです。

そうした失敗とか批判とか悪口とかを言われることがあっても、これはまた、よく自分を振《ふ》り返るチャンスでもあるので、それは使うべきは使って、相手が間《ま》違《ちが》っている場合には「地獄《じごく》に行きませんように」ということで、できれば善意に

「天国に昇《のぼ》れますように」とお祈《いの》りして、悪の道に進まないように願うぐらいしかありません。どうしても地獄に行ってしまう人の場合は、その人にふさわしい地獄に行って勉強していただくことになると思います。

今年（二〇二二年）、たぶんちょっと詳《くわ》しくなると思うけれども、そうした、「どういう世界で、鬼《おに》さんたちがお仕置きをしているか」ということを、詳しくやろうと思ってはおります。そうしたことをもっと知ったほうがいいのです。

この世で生きた生き方というのは、閻魔《えんま》様に裁かれて、最後は、鬼さんたちにそれぞれ処分を任されて、いろいろな地獄で反省させられることになっているのです。これをバカにして、生きている間、本法話《ほうわ》の最初に言ったように、「もう自分の自由にさえなればいい」とか「今が幸福ならいいんだ」とか「自分がいいと思ってるんだから、それで何が悪いんだ」とか「人の批判なんか聞く気はない」とか言っているような人たちは、長い反省がこれからやって来ることになるだろうというふうに思うのです。

仏教で言ったとおり、苦しみの世界は現実にあります。

そこから逃《のが》れる方法は何かというと、やはり、「自分の生命の実相は、永遠の魂《たましい》だ。だから、永遠の魂として存在し続けるんだ」ということです。

だから、「消滅《しょうめつ》するわけじゃないんだ。唯物論《ゆいぶつろん》がいくら流行《はや》ろうと、いくら科学が発展しようと、消滅するわけじゃない。魂は生き続ける。それが天国へ行くか地獄へ行くか、天国のどこへ行くかということが、この世の修行《しゅぎょう》で色分けされていくのだ」ということです。

うぬぼれてばかりいて、自慢《じまん》ばかりしている人は、天狗界《てんぐかい》という所へ行くのです。また、人目を隠《かく》れてゴソゴソといろいろなことをやるようなタイプの人、他人《ひと》を罠《わな》にかけたり、騙《だま》したり、いろいろしながら、自分によかれと思って動いていて、地獄に行くほどでもないレベルの人たちは、妖怪《ようかい》世界にたいていおります。それから、異性を騙し込《こ》んでいくのがうまいタイプの人などは妖魔《ようま》の世界に数多くいます。

それから、圧倒的《あっとう》にもう悪だと見て、処罰《しょばつ》を受けなければいけない人たちには、「無間《むけん》地獄」という深い地獄もあります。そこには学者もいます。作家もいます。俳優も、歌手もいます。いろいろな有名な方もいますけれども、世の中の人たちに思想的に大きな汚染《おせん》をしたというような人たちは、隔離《かくり》されて出られないような所にストーンと――たとえて言えば深い井戸《いど》の底に落ちたような感じになります。出られないのです。ほかの人と会えないようになっています。地獄には本当はほかの霊《れい》がいるのだけれども、会えないようになっています。それは「思想犯」だから、接触《せっしょく》を禁じられているのです。こういう所に何百年も放置されている人もいます。

やがて、これが長くなってきて、もう体も変形して、外見が悪魔みたいになってくる人もいます。そこからまた這《は》い出して、地獄界のなかで他人《ひと》を支配するような「魔王」というものになる人もいるし、それから、「大魔王」から「悪魔」、いろいろな段階があって、手下を使う者もいるようになります。それぞれ自分の格に合わせた相手を狙《ねら》っていて、地獄界に引きずり込もうと、地上界に生きている人間をいつも狙っています。天使たちとも戦いが起きることもあります。

苦しみの世界のなかからも「神の望まれる生き方」を選び取ることが大事

こういう永遠の世界に実は生きているので、将来の、自分が死んでからあとの世界まで考えると、この世でどういうふうに生きるべきかということです。たとえ苦しみの世界に見えても、「この苦しみの世界のなかから、神の望まれる世界は、生き方はどういうものなのか」ということを選び取ることが大事なことです。

単純に、簡単に言えば、あなたの今の心境が、「天国に通じるか、地獄に通じるか、教えてくれ」と言われたら、「自分がうまくいかないことを、他人のせい、環境《かんきょう》のせい、世の中のせいだけにし続けている人の場合は、地獄へ行くことが多く、自分の至らざるところや失敗したところは自分の責任だと思って改善していこうと努力している人は、天国へ行くことが多い」ということは言えると思います。これは大雑把《おおざっぱ》な言い方ですけれども、それで見れば分かるのです。どういうメンタリティーを持っているかを見れば分かります。

同じことでも、感謝して生きる人もいれば、相手に不平不満を言いながら生きる人もいるのです。こんな簡単なことが分からないために、何百年も何千年も地獄の苦しみのなかに置かれるということは残念なことだと思います。

そして、自分の間違いを認めるだけではなくて、やはり、自分に対して、助けてくれたり道を開いてくれたりした方に感謝・報恩の気持ちを持つこと。これが、「必勝の一手」です。

だから、他人のせいや環境のせいにしないで、自分を助けてくれたり自分を導いてくれたりした方々に対して感謝・報恩の気持ちになって「世の中にお返ししていこう」、あるいは「天下国家のためのお役に立ちたい」というふうな気持ちになること、これが大事なことであると思います。

苦しみの世界をこの地上から完全に消すこともできなければ、この地上の世界で、完全にここから逃れることもできません。

ただ、「永遠の生命として、いかに自分は生くべきか」ということに目が向いて、真正面からそれに向き合うようになったときに、「自分自身の人生を、自分で切り拓《ひら》いていかねばならんのだ」ということに気づくことになると思うのです。

それが、すなわち、苦しみの世界からの解脱《げだつ》、抜《ぬ》け出すということになるのではないかと思います。

今日は、「苦しみの世界」ということを中心にして話をしました。何らかの参考にしてくだされば幸いです。

第3章

悟《さと》りの原点を求めて

――天国・地獄《じごく》を分けるこの世での生き方とは――

二〇〇八年四月六日　説法《せっぽう》

奈良《なら》県・幸福の科学　奈良支部精舎《しょうじゃ》にて

1 「悟《さと》り」においていちばん大事なこととは何か

悟りというのは「自分とは何か」をまず知ること

本年（二〇〇八年）に入りまして、説法《せっぽう》は今日で十九回目です。そのうち六回は英語の説法です。

私も（海外各地を）回っておりますけれども、でも、逆に、来てくださるみなさんに励《はげ》まされることもとても多いのです。

先般《せんぱん》、サンフランシスコ支部精舎《しょうじゃ》で説法したときには（『On Happiness《オン ハピネス》〔幸福について〕』〔宗教法人幸福の科学刊〕参照）、カナダのカルガリーから二千五百キロ、車で運転して、家族で車に乗ってサンフランシスコ支部精舎まで話を聴《き》きに来てくれた方もいました。車で二日もかかって来ているのです。それで、私の一時間の説法を聴いて、そのあと、二日かかって帰るのです。いや、これも涙《なみだ》ものです。「もうこれが最初で最後だ」と思ってあちらも来ているのは間違《まちが》いないのです。

私のほうも、地球の半分を飛んでやっていっていますので、お互《たが》いはお互いであるのだけれども、こちらはプロですから、そんなの行くのは当たり前です。けれども、「車で運転して二千五百キロも来て、求めて、私のたぶん下手《へた》であろう英語の説法を一時間聴くためにやって来てくださる」ということを前の日に聞いて、「今、車でこちらへ向かっている」というのを聞いて、「まことにありがたくも申し訳ないことであるかな」「一行なりとも、まともなことを言わなければならないな」ということを海外でも感じました。

また、同じ所では、東ヨーロッパのほうから来ている方もいて、「先生、ブダペストだとかワルシャワとかの説法はいつごろの予定ですか」と訊《き》かれて絶句したのです。それで、「予定はない」と言ったらやはりいけないので、「うーん、五年か十年以内には」と答えたら、がっかりされてしまいました。「五年か十年でもがっかりかなあ」と思って、「今、国際局（現・国際本部）を拡大中なので、しばし待たれよ」と言ったのですけれども、厳しいですね。

何か分身の術が必要で、肉体に宿っていればもう不可能です。霊体《れいたい》になれば、あっちもこっちも指導可能なのでございますが、肉体に宿っている以上は限界があって、こういう衛星放送のような電波を使えるものがあれば、使えるものは使ってやっていきたいというふうに思っております。

本来、一個一個の支部でお話ししたいのですけれども、数が多いですし、万《まん》が一《いつ》、御百度参《おひゃくどまい》りのみなさまのようにご立派に〝満行《まんぎょう》〟ができない場合がありえるので、そのときの備えとして、「衛星をかけておけば、まあ許してくれるのではないか」という考えもちょっとはありまして、かけているのです。「ワンタッチ、行《い》ったよ」ということですね。「気持ちだけ行きましたからね」ということで衛星放送も入れさせていただきます。

本来は、直接行って話をしたいし、この十年ほどみなさんにお会いしていないことは多いので（説法当時）、やはり、「宗教の信者あるいは会員になっていて、教祖に直接会ったことがない」というのは、おそらくみなさんも心残りでありましょうし、私自身も残念な気持ちがあります。

本来、直接指導すべきものです。「『教祖の話を直接聴いたことがない』というと、どうも、やはり、信者としての自覚が生まれてこない」というのは、私も分かるのです。その感じは分かるので、一度は直接、話を聴いておいたほうがいいというふうに思います。

今日は、もともとは、演題としては「不退転《ふたいてん》の決意を持て」とか何かそういう演題を本部のほうから頂いたのですけれども、全国衛星放送ということもあってその演題かと思うのです。ただ、「奈良《なら》に来て、『不退転の決意を持て』と言えるか」と、昨日《きのう》から考えていて、「ちょっと無理かなあ」と思いました。

私はこの（着ている薄茶色の背広の襟を両手でつかみ）〝鹿《しか》の服〟を着て、「完全鹿ルック」で来ておりまして、本当は季節柄《がら》もよろしいので、「奈良のお山と桜と鹿を見て、大仏を見たらいいなあ」と思って来たところが、思わぬ所に中継《ちゅうけい》がいっぱい行くようになってしまいました。

奈良でできる内容としたら、そういう、檄《げき》を飛ばす場所ではどうもなさそうな気がするし、日本仏教の原点である場所であるので、「内容的には、やはり『仏教の原点』ないし『悟《さと》りの原点』に関する話がふさわしいのではないかな」と、そういうふうに考えて、今日はこういうテーマを、今朝《けさ》の八時半に出しました。

それで、見事に（説法前に会場のモニターに映し出される）映像が「悟りの原点を求めて」になっていたので、仕事が速いですね。驚《おどろ》きました。大したものです。みなさん、よく働かれる。先ほど見て、変わっていたので、びっくりしました。

簡単に、「悟りの原点とは何か」ということを申し上げたいと思うのです。「私の本を全部読んだら分かります」というようなことでは不親切でありましょうから、初めての方や、小さいお子さんも含《ふく》めて、できるだけ分かるようなかたちで話をしたいと思います。

「何がいちばん大事か」と突《つ》き詰《つ》めて考えていきますと、結局、悟りというのは、「自分とは、いったいどういう存在なのか。自分は、いったい何なのか」ということをまず知ることが大事です。

では、この「自分」は何なのかということですが、結局、「肉体を持っている自分」というもの、これは、みんなが見ている自分ですから、これは間違いなく

「自分だ」と思っている部分でしょうけれども、この「肉体を持っている自分」以外の、肉体にそっくり入っているところの、「霊体としての自分」というものが、信じられるか。

「霊」としての、「霊体」としての、あるいは「霊魂《れいこん》」と言ってもいいし、あるいは「心」と言ってもいいのですけれども、そういう、目には見えない「精神的存在としての自分」が、肉体にダブって、二重になって存在するということを、認められるか、認められないか。知っているか、知っていないか。受け入れるか、受け入れないか。

これが、やはり、悟りの根本《こんぽん》のところです。

これが、ある意味では、人間を二つに分けてしまう論点です。

やがてなくなる肉体に執着《しゅうちゃく》せず、「なくならないもの」を自分と思って大事にするのが本来の仏教

科学文明は、発展して現代化したにもかかわらず、ここについては何か逆行して、唯物論《ゆいぶつろん》といいますか、体を研究したり、物を研究したりすることのほうがどんどんどんどん進んでいっていますので、むしろ物のほうに目が行ってしまいました。技術のほうが発達し、理科系統のほうが進化したものですから、「宗教はもう昔のもの」ということで、「『魂《たましい》』などと言うほうが恥《は》ずかしい」というふうになってきました。

第二次世界大戦後、敗戦も影響《えいきょう》したのでしょうけれども、仏教学科や宗教学科の先生たちの書いたものまでが「霊とか魂とかいうのを認めて書いたら、何か迷《めい》信《しん》のようで恥ずかしい」というような感じの文章になってき始めて、「仏教を唯

物論のように解釈《かいしゃく》するほうがかっこいい」というか、「釈迦《しゃか》は、『ガンジス河が氾《はん》濫《らん》したら、その氾濫した河によって、土でつくった家が流れ去るように、人間の肉体も滅《ほろ》び去るのだ』ということを教えたのだ」というようなことを言っているのです。これはもう唯物論です。

確かに、そういう説き方も、たとえ話としてはしたかもしれず、体が滅びるというたとえとしては使ったかもしれませんが、「洪水《こうずい》になったら、土でつくった家は流れるよ」というだけの教えで、二千五百年も遺《のこ》るはずがありません。誰《だれ》が見ても分かっていることですから。そうでしょう?

インドに行ったら、レンガ造りでもいいほうで、泥《どろ》造りの家がいっぱいありますから、洪水になったら、流れるでしょう。

だから、「これが悟りなのだ」と言ったら、「それはないでしょう。それは見てのとおりじゃないですか」と言われるでしょう。「鉄筋コンクリートだったら流れないよ。土なら流れるよ」と、それだけの話なら、仏教というほどのものではありませんから、それが悟りであるはずがありません。

それは、あくまでも、「肉体というものにいくら執着《しゅうちゃく》しても、これはやがて壊《こわ》れて、そういうふうに流れて、なくなるものだ」ということを言っていて、「これで流れてなくならないもののほうを、自分だと思って大事にしなさい」というのが教えです。これが本来の教えです。ごく簡単なことです。

魂《たましい》を否定する現代の仏教は、釈迦《しゃか》の教えと正反対である

この簡単なことが、仏教学、宗教学の泰斗《たいと》といいますか、大先達《だいせんだつ》といいますか、大先生といわれるような方がいまだに分かっていないのです。

こういう、名誉《めいよ》教授になったり、学長になったりしているような人が、「人間は死んだら何もかも終わりだ。魂《たましい》なんていうのは迷信だ。釈迦《しゃか》も否定している

のだ。『体が壊れたら、それでなくなる』と言っているのだ。唯物論なのだ」と、こんなことを言っているのです。

「仏教ももう末《すえ》だな」というふうに思います。ここまで来たら、もう最後の段階です。

キリスト教のほうも、霊的なものをなかなか認めがたい部分があるのですけれども、それは、教えている人がもう〝凡庸《ぼんよう》なサラリーマン〟になってしまっているからそうなっているだけで、本来の宗教家であれば霊的なものを感じないではいられないのです。

だから、仏教で本職のほうの住職《じゅうしょく》さんをやっているような人でも、「死んだらどうなるか分かりません」などと言っています。「魂はあるのですか」と訊かれたら「分かりません」と言い、「死後、どこに行くのですか」と訊かれても「分かりません」と言って、全部答えられないで、「学校では『魂はない』とも教わりました。専門学校で、仏教の大学で、教授からそう教わって卒業しました。『死んだら何もかもなくなる』と答案に書いて卒業し、僧侶《そうりょ》の資格をもらいました」というような人もいるのです。もう正反対です。完璧《かんぺき》に引っ繰《く》り返ってしまっています。

これで、「新しい仏教を説き直せ」というニーズといいますか、そういう需要《じゅよう》がないはずがありません。

（霊的なものを否定する現代の仏教は）間違っていますし、極端《きょくたん》なところまで来ていますから、これは許せません。やはり、ちゃんとしたことを現代語で説明できる内容として、古文・漢文の難しい言葉はとにかく横へ退《の》いておいて、現代語で話して通じることを言わないといけないということです。

2 悟《さと》りの原点①――人間は霊的《れいてき》存在であると自覚する

「人間は霊的存在である」というのは悟りにおいていちばん大事なことですから、悟《さと》りの原点の第一点としては、やはり、「人間は霊的《れいてき》存在であるということを自覚する」ということです。これができた人は、やはり、「悟りの原点の第一歩を記《しる》した」と言うべきでしょう。

ある意味では、みなさんも、「それを確信できているか。百パーセント確信できているか」と言われたら、どうであるか。「半分以上、五十パーセント以上」「六十パーセント」「八十パーセント」「九十九パーセント。残りの一パーセントは死んでからでないと分からない」という人もいらっしゃるかもしれません。

「これが百パーセント事実である」ということを証明するために、私は、二十何年間、戦ってきました。

二十何年間、数百冊の本を書き、数多くの講演もやってきまして（説法当時。二〇二五年五月現在、三千二百書以上発刊、説法回数は三千五百回以上）、私の身近にいる人たちは霊的な現象も数多く目撃《もくげき》してきています。ですから、疑問の余地は私自身にはまったくありませんし、それを知っている人たちにもありません。

これが、悟りにおいてはいちばん大事なことだと思われます。

ですから、これを外して、仏教解釈《かいしゃく》として「死んだら終わりだ」「釈迦《しゃか》は唯物《ゆいぶつ》論《ろん》を説いた」と言う方が専門家でいらっしゃるのでしたら、そういう人たちは、言い方は悪くて申し訳ないですけれども、「〝詐欺師《さぎし》〟でございます」ということです。

「もう黙《だま》ってください。むしろ何もおっしゃらないほうが天国に行きやすいから、口は開かないでください。それを他人《ひと》に教えたら、あとが大変です。事実に反することを教え続けて、あの世へ行ったら、大変なことになりますよ」と言いたいのです。

だから、「人間は霊的存在である」ということを自覚すること、これが第一点です。

幸福の科学の精舎《しょうじゃ》などでいろいろな瞑想《めいそう》体験とかをしているうちに、感じることもあるし、あるいは、たまには、霊的な姿が視《み》える場合もあれば、守護霊《しゅごれい》の声が聞こえたりというようなことを経験する方もいます。これは、やはり、一点、絶対に外してはならない点です。

有名な学者や仏教家が「霊《れい》はない」と言っても信じてはいけない

いかなる有名な学者とか仏教家が「霊《れい》なんかない」とか「あの世なんかない」とか「死んだら終わりだ」とか、いくら言っても、絶対に信じてはいけません。これは、コインの裏と表、「どちらか一つ」「二者択一《にしゃたくいつ》」で、中間などありません。

だから、釈迦が説いたたくさんの教えがありますので、そのなかで唯物論的に解釈できる場所はないかどうかをグーッと探し、そこだけを取り出し、引っ張り出してきて、つなぎ合わせて言っているのですけれども、ほかのところを見たら、お経《きょう》のなかには、霊的なことを、存在を認めている部分はたくさんあります。お経を本当に読んでいたら、いっぱい載《の》っていますから。あちらにもこちらにも載っています。

「神様」「神々」という、いわゆる高級霊――当会で言う高級霊たちの存在も認めていますから、お経のなかにはいっぱい出てきています。

悪魔《あくま》も出てきています。それをみんな、「悪魔というのも、心の迷いか何かの象徴《しょうちょう》かな」と思い、現代的解釈を入れてしまうのですが、本当の話なのです。そのとおりなのです。これは、私も同じことを実体験しました。

ですから、まず第一点として大事なことは、「人間は霊的存在だ」ということを自覚すること。これが第一点です。

3 悟《さと》りの原点②――自分の心のあり方が死後の天国・地獄《じごく》を決める

「今の、生きている自分の心のあり方」と「死後、行くところ」とは一緒《いっしょ》

悟《さと》りの原点の第二点として大事なことは何であるかといいますと、これは、要するに、「天国と地獄《じごく》がある」と教えていますけれども、「霊的《れいてき》な人生を生きるに当たっても、天国的なる生き方と地獄的なる生き方と、この二つがあり、『天国へ行くか、地獄へ行くか』というのは、この世での心のあり方がそのままつながる」ということです。

これは非常に仏教的な考え方なのです。キリスト教とちょっと違《ちが》うのは、仏教というのはこういうことがあるところです。

その人の心のあり方というのは、これは「悟りの段階」ということですけれども、「その人の思っている、心のあり方・段階が、そのまま、『死んだらどこに行くか』を決めるのだ」ということです。「今、心が地獄なら、死ねば地獄へ堕《お》ちる。今、天国なら、天国。菩薩《ぼさつ》の心を持っている人なら、菩薩の世界に還《かえ》るだろう」ということです。

そういう、「今の、生きている自分の心のあり方と、死後、行くところとは一緒《いっしょ》」であり、この世とあの世を貫《つらぬ》いて一貫《いっかん》しています。

幸福の科学は、これについて、「『この世とあの世を貫く幸福』を目指せ」ということをよく教えているのです。

これは仏教の理論そのものなのです。ずばり、そうなのです。

だから、そういう意味で、「善なる生き方、正しい生き方をしなさい」ということを教えているのです。常々、それを教えています。

悪霊《あくれい》は「自分が助かりたい」と思って、生きている人に取り憑《つ》く

その「善か、悪か」を教えるに当たっても、悪魔《あくま》とか悪霊《あくれい》、悪霊《あくりょう》、怨霊《おんりょう》、いろいろありますけれども、その悪い霊的存在、これが現実に出てきますので、これは数多く目撃《もくげき》、体験されています。「天使と会って話をしました」というような人の数はわりに少ないのですけれども、悪霊《あくれい》体験は、かなり、みなさんも実を言うと調べてみればあるのです。けっこうあります。

それはやはり、この世に非常に近い世界が地獄界なので、「この世的に生きた人」というのは非常に気持ち的に近いわけです。この世的に生きた人は地獄界の世界に通じやすいということです。

私も、「霊的現象が起き、霊たちと話ができるようになって、いちばんショックと言えばショックであったこと」は何かというと、やはり悪霊《あくれい》の存在です。

「これが人間だったのか。元は人間だった人が、死んでこんなになるのか」と。あまりの惨《みじ》めさです。「哀《あわ》れ」としか言いようがないのです。こんなふうになってしまうとは――。

生きていたときには、それぞれみんな立派な姿をして、お金もあったり学歴もあったり、会社で「部長だ」「社長だ」と言っていた方がいっぱいいらっしゃいます。しかし、死んだらどうなるかというと、もう苦しいので、「自分を助けてほしい」ということ以外に考えつかないのです。

これはちょうど、海で溺《おぼ》れているのと一緒です。あの状態です。海で溺れているので「助けてくれ」と言っている。要するに、もう、「自分が助かりたい」ということ以外に何も考えることができないのです。とにかく助かりたい。何でもいいから取り憑《つ》いて、助かりたいと思っているのです。

映画で「タイタニック」というものがありましたけれども、救命ボートが乗客や乗員の半分しかなかったので、残りの半分は海に投げ出されて、凍《こお》りつく海のなかで泳いでいるうちに、だんだん死んでいきましたでしょう。あれでも、投げ出された人は何でも取りついていきます。

一等船客などはボートに乗って逃《に》げていたけれども、助けに帰ろうとしたら、みな反対して行かなかったのです。戻《もど》ったのは一隻《せき》だけだったと思います。行ったら、みなボートに取りついてきますので、取りつかれたらボートごと沈《しず》んでしまい、助かっている人まで死んでしまうから、「帰れない」と言ってみんな怖《こわ》がったのです。

あの状態によく似ているのです。だから、死んで地獄に堕ちて、亡者《もうじゃ》となっている人たちは、もうとにかく「自分が助かりたい」ということばかりを考えているので、とにかく生きている人に取り憑いているのです。

要するに、〝ボートに乗って今、生存している人たち〟に取り憑いていきますので、実際は、〝ボート〟ごと引っ繰《く》り返って、みんな沈んでしまうようなことが起きてしまう。これが、一家にいろいろな悪いことが起きている理由です。

正しい宗教を通して「地獄《じごく》から抜《ぬ》け出す方法」を知ることができる

最近、某《ぼう》「変な宗教」というか疑似《ぎじ》宗教のところで、「地獄《じごく》へ堕ちるぞ」と脅《おど》してお金を巻き上げていたため、経済産業省から何か注意を受けたなどというところもありました（説法当時）。やり方自体に問題があったところもあるのだろうと思いますけれども、「天国・地獄がある」ということと、それから「地獄へ堕ちたら大変なことになる」ということ自体は、これは嘘《うそ》でも何でもありません。本当のことですので、これは宗教的には護《まも》らなければいけない一線です。

もし地獄というものがないのであれば、その救いも必要がないし、人には罪もないし、救済する必要もないということで、宗教的な行為《こうい》というのはまったく、本当に必要がないことになります。

しかし、現実は、今言ったように、海で溺れているような状況《じょうきょう》の人がたくさんいらっしゃるわけです。

生きていたときに唯物論《ゆいぶつろん》だったり宗教を嘲笑《あざわら》っていた人たちが死んで、突如《とつじょ》、自分が霊的存在となって、真っ暗なところとか阿鼻叫喚《あびきょうかん》地獄、その他、炎《ほのお》のなかなど、いろいろな苦しい責め苦《く》のなかにあったら、「何とか助かりたい」ということ以外にないのだけれども、知識がないものだから、どうやったら助かるか分からないのです。

これを知るためには、もちろん、正しい宗教を知っていれば、そこから抜《ぬ》け出す方法というのは頭のなかに入っているのです。そのために、教会であろうとお寺であろうと存在はしていて、教え、導きを生前にしておくことが必要だし、死後にあっても、供養《くよう》とかを通して、やはり救いのための〝ロープ〟を投げてやることもしているわけです。

そういうことをやっているので、宗教というのは必要なものであり、人類史上、宗教というのはなくなったことはないのです。たとえ共産主義の唯物論の国であっても、地下活動として宗教活動がなくなったことはありません。

なくならない理由は、それが真実だからです。真実の世界を意味しているからです。この世の人間が頭で考えて、理屈《りくつ》で「こうだ」「ああだ」と言っても、真実は真実、事実は事実、変えられないのです。ずっと昔からそうなのです。

だから、今、言ったとおり、悟りは、まず第一点は「人間が霊的存在であるということを自覚する」ということであり、第二点はやはり「魂《たましい》の生き方としての善悪を知るということは大事だ」ということです。

4　地獄《じごく》に堕《お》ちないために知ってほしい「心の三毒」とは

天国に行くための心のチェック基準――「貪《とん》・瞋《じん》・癡《ち》」

では、「善悪とは何であるか」ということが、さらに探究されなければいけません。

「『天国・地獄《じごく》へ行く』と言うけれども、先生、早いところ、もうとにかく、どうやったら地獄へ行かずに天国へ行けるのかを教えてください。それだけでいいから、もう、あとは要《い》らない。あとの話はもう要らないから、とにかく、私が地獄へ行かないで天国へ行くにはどうしたらいいのか、それだけを簡単に言ってください」と、そういう〝お急ぎの方〟もいらっしゃるかと思います。

そこで、簡単に言いましょう。チェック基準を簡単に言いますから、よく耳の穴をかっぽじって聴《き》いておいてください。これだけでも聴いておいたら、何とかボートに辿《たど》り着いて上がれる可能性がありますので、聴いておいてほしいのです。仏教で中心的に言うのは「心の三毒」です。「心の三毒」ということを言います。「心の三毒」とは「貪《とん》・瞋《じん》・癡《ち》」と言っています。

難しい漢字です。それはもう、今の若い人は書けません。とても書けません。コンピュータだって、その字が出るやらどうやら分かりません。

「貪《とん》」── 分《ぶん》不相応に欲《ほ》しがる貪欲《とんよく》は地獄《じごく》へのメインロード

「貪《とん》」は貪欲《とんよく》と言いまして、普通《ふつう》は貪欲《どんよく》と言うものです。みんな自分のことは分からないのです。自分が貪欲《どんよく》かどうかなんて分からないのですけれども、他人《ひと》のことは分かります。他人のことが分からない人はいないのです。他人のを見て、「あの人は貪欲《どんよく》だな。欲が深いな」ということは九十九パーセント分かります。隠《かく》している場合は分かりません。隠して見せない場合は分からないけれども、普通の状態であれば、「あの人は欲が深い」ということは分かります。

「欲が深い」というのは「分《ぶん》不相応だ」ということです。その人の分にふさわしくないぐらい欲《ほ》しがる。お金であろうと地位であろうと名誉《めいよ》であろうと、いろいろなものをです。「ちょっとこの人にはふさわしくない」ということは、自分ではなかなか分からないのですけれども、他人の目にはよく分かります。だから、素直《すなお》な心でもって見、あるいは他人から聞けばそれは分かることですが、自分中心だったら分からないことです。

現代の成功理論など、いろいろなものがありますけれども、そのなかでも、この貪欲《どんよく》、貪欲《とんよく》のところを増幅《ぞうふく》させるものは数多くありますが、やはり基本的には、その人の分相応の結果でよろしいのです。

「努力した結果、こういう立場に今ある」ということで、それがふさわしければ問題はないのです。努力の範囲《はんい》内でふさわしい結果が現れている分には、それはたとえ収入として現れても、地位として現れても、尊敬というかたちで現れても、別に問題はありません。

ちゃんといい仕事をされて、それなりの社会的評価を受けることは、別に貪欲《どんよく》でも何でもありません。当たり前のことです。正義が行われているだけのことです。

ただ、何か裏で画策したり、例えば賄賂《わいろ》を使ったり、人を罠《わな》にかけたり、いろいろなことをして、這《は》い上がっていくようなことをしたりすることになりますと、これは貪欲《どんよく》になってきます。

これが、地獄《じごく》へ行く一つの〝方法〟と言ったらちょっと問題ですけれども、まあ、〝王道〟と言っても問題があります。〝王道〟と言ってはいけません。「地獄へのメインロード」といいますか、ドーンと走れる百メートル道路みたいなものなのです。これは多いのです。

欲が過ぎると、欲深《よくぶか》じいさんや欲深ばあさんになって、死んだあと地獄に行きます。

「瞋《じん》」――自分を護《まも》ろうとする動物的本能からクワーッと怒《おこ》り、他者への攻撃《こうげき》へ

それから、二番目は、「貪・瞋《じん》・癡」の「瞋」です。瞋も難しい字ですけれども、「怒《いか》り」です。

クワーッと怒《おこ》る。これは経験があるでしょう。ほとんどの人にとって経験があると思います。本能のままでいくと、やはり怒りますでしょう。

世の中、腹が立つものです。だいたい腹が立つ人ばかりです。だいたい自分のことをほめてくれているばかりだったら、腹は立ちません。けれども、ほめてばかりなんてしてくれません。悪口を言うほうが早いからです。

人をほめるのは、そんなに楽ではない。けれども、人をくさしたり、けなしたり、悪口を言うのは簡単です。これは教えてくれなくても言えるものです。パッと出てしまいます。

だから、人は自然状態で放っておくと、悪口をいっぱい聞かされることになります。そして、悪口を聞かされた人はどうするかというと、自分を護《まも》ろうとします。自分を護ろうとする心が防衛本能となって、怒りとなって、他者への攻撃《こうげき》になってきます。

これは、分からないことはない。殴《なぐ》られたら殴り返したくなるのは当たり前です。それはそうなのですけれども、そのなかに、やはり動物性があるわけです。

一種の動物性というか、動物的本能、自己保存本能があるのです。その怒りのなかに、自己保存、「自分かわいい」の気持ちがあって、クワーッと怒《おこ》るなかに、自分を護ろうとして動物的な反応をしているものもあるのです。

だって、動物を見てごらんなさい。すぐに怒ります。犬もそうでしょうし、猫《ねこ》だって尻尾《しっぽ》を立てて毛をサーッと立てて、犬に向かって小さいながらもカーッとやっています。カーッとやって、犬が怯《ひる》んだ隙《すき》に、塀《へい》の上によじ登って逃《に》げたりします。だから、犬だけではなく、猫だって怒ります。

動物はみな、そういうところがあります。恐怖《きょうふ》と怒《いか》りと、いつも共存しているのです。また、彼らはみな、死の恐怖を味わっています。「いつ食べられるか分からない。殺されるか分からない」という恐怖があるので、怒りも持っています。

心の平和を維持《いじ》するために必要な「忍耐力《にんたいりょく》」「包容力」「寛容《かんよう》さ」

人間の社会も自然状態でいきますと、やはり動物社会と一緒になって、怒りに満ちる社会になるのですが、神仏に近づいていこうとする人間として生まれた以上、「いかに世界を平和にし、自分自身の心を平和にしていくか」ということが大事なのです。

そうすると、その怒りを抑《おさ》えるということがとても大事になります。「心の平安」「心の平和」です。「心が平和であるということ自体が幸福だ」ということを知らなければいけないのです。これは、なかなか、分かるようで分からないことです。

でも、心が憎《にく》しみでいっぱいだったら、本当に幸福ではないのです。人を憎んでいる人を見て、幸福そうに見えますか。見えないでしょう。

戦争などでもそうです。民族同士、国同士で戦っているのを見て、やはり幸福には見えないのです。何とか平和になりたいものです。話し合って、穏《おだ》やかに住み分けをして、お互《たが》いを認め合って、個性の違《ちが》い、立場の違いを認め合って、共に暮らしていける世の中を目指したいものです。

同じく個人個人もそうでして、個性の違いはありますから、人をみんな自分の思うようにしようとすることは、やはり無理です。

だから、善導《ぜんどう》する、いい方向へ導こうとする努力は必要ですけれども、「自分の言うことをきく人だけが〇《マル》で、きかなかった人はみんな処刑《しょけい》」とか「死刑」とか、これはやはり駄目《だめ》です。これは「ユダヤ人大虐殺《だいぎゃくさつ》」のようなものです。

自分の気に入らない人、言うことをきかない人というのは世の中に満ちていると思いますけれども、いかに穏やかに接して、彼らを緩《ゆる》やかによい方向へと導いていくか。そのためには「忍耐力《にんたいりょく》」が必要です。とても忍耐が必要です。

家庭のなかでもそうだろうと思います。ほとんどは忍耐の問題です。「忍耐力」と「包容力」が必要です。「忍耐力」「包容力」「寛容《かんよう》さ」、こういう徳を身につけていかないと、心の平和というのは維持《いじ》することができません。

だから、「できるだけ、怒りを抑えて、平和な心を求める」ということが大事です。「平和な心を求める」ということも「悟《さと》りを求める」ことに、やはりなっていくのです。そして、みんなの心が平和になっていけば、自然に世の中というのは美しいものになっていくのです。

以上、「貪・瞋・癡」の「瞋」について言いました。

「癡《ち》」――「仏法真理《ぶっぽうしんり》を知らない人間の愚《おろ》かさ」で地獄《じごく》行きへ

あと、「貪・瞋・癡《ち》」の「癡」は愚《おろ》かさですけれども、この愚かさというのは、はっきり言えば、「仏法真理《ぶっぽうしんり》を知らない人間の愚かさ」なのです。

あなたがたには仏法真理をしっかり勉強している方が多いと思いますけれども、そうした仏法真理をしっかりとつかんで勉強している人から見れば、それを知らずに生きている人、そして慢心《まんしん》している人はいっぱいいるでしょう。天狗《てんぐ》になって、自分は「エリート大学を出ているのだ」とか「エリート会社のエリート社員なのだ」とか「収入が多く、お金がこんなに儲《もう》かっているのだ」とか「こんなに大きな家に住んでいるのだ」とか「地主《じぬし》だ」とか「貴族だ」とか――貴族は今、日本にはいないけれども――まあ、とにかく威張《いば》っている人はいっぱいいます。

しかし、真理を知らないで生きている人というのは、真理を知っている人から見たら、非常にかわいそうな存在であることが多いのです。「ああ、なぜ、こんなことも知らずに生きているのだろうな。かわいそうだなあ」と思います。

その「真理を知らない」ということを、「愚かである」と言っているのです。

これが「貪・瞋・癡」の「癡」です。

だから、真理を知らずに一生を生きるというのは、たとえこの世的にどんなに偉《えら》い人でも、悲しいことです。

理科系では、例えば、ロケットを飛ばす人だとか、理論物理学をやる人だとか、それから、惑星《わくせい》の研究をしたり、地球物理学をやったり、コンピュータの研究をしたり、それはこの世的に偉い人はいっぱいいると思います。

私も含《ふく》めてみなさんは、それは、スペースシャトル一つつくれないでしょう。また、「なぜテレビに映像が映るのか」ということも、ほとんどの人は、本当は分からないのです。「それについては、ソニーかパナソニックか、どこかそのあたりに訊《き》いてくれ」というところでしょう。

そのなかの人だって分からないかもしれません。部分的な部品のことしか知らないかもしれないので、全体的には「どうやったら映るのか」は知らないかもしれないのです。

そういうことはそれなりに、この世の進歩のためには役立っているとは思うのです。しかし、肝心《かんじん》の、原始人でも知っていたところの真理を知らないということは、やはり悲しいことであり、やがて何年か何十年か後にそのツケは必ず来る。それは真理を知らずに生きたツケは必ず埋《う》め合わせをしなければいけなくなる。

自分で実体験を必ずさせられます。

それは、いわゆる「地獄巡《じごくめぐ》り」というものです。だから、たぶん、たいていの場合、自分の心のなかに幾《いく》つかの地獄がありますので、その地獄をそれぞれ経験していきます。そして、地獄を卒業するまで勉強しなくてはいけなくなります。

例えば、暴力を振《ふ》るう人だとか、嘘《うそ》をつく人だとか、人を殺したりするような人もいるし、とにかく心の問題です。「心の問題」に無知であった方は、それが自分自身に跳《は》ね返ってきて、十分に分かるところまで必ず行きます。それまでが

「地獄から出られない期間」となっています。

5　一人ひとりの「心のロウソク」に灯《ひ》を点《つ》けよ

「叱《しか》る」という行為《こうい》は正当な怒《いか》りであり、愛の行為の一部

そういうふうに、少なくとも、「貪《とん》・瞋《じん》・癡《ち》」、この三つ、「心の三毒」をよく知って、自分自身の心をうまくコントロールできるようになれば、初級レベルですけれども、「悟《さと》りを持った」と言えるようになるわけです。

だから、身分不相応な、過大な欲望を持ったりしないということ。それから、怒《いか》り――動物的な怒り、理不尽《りふじん》な怒り、こういうものを持たないことです。

もちろん、正当な怒りというものはあります。

例えば、警察官が泥棒《どろぼう》を見て怒《おこ》って追いかけるのは、それは、ある意味で正

当だから、それについてまで、「いや、泥棒だって人間だから、いいよ、いいよ、どうぞやってください。強盗《ごうとう》、いいですよ。銀行強盗になんて、それは入りたいでしょうから、どうぞ、どうぞ」と言ったら、それはちょっと違《ちが》う。それは、そういうことではないと思うのです。

あるいは、お医者さんがわがままな患者《かんじゃ》を叱《しか》るなら、それは必要な怒《いか》りだし、先生が、もう遊びまくっている学生や子供に「勉強しなさい」と言って、目をつり上げて怒《おこ》ること、まあ、これは必要な場合の怒《いか》りです。これは、「怒《おこ》る」ということではなくて、「叱る」という行為《こうい》であり、本当は愛の行為の一部ですので、そういうものは別なのです。そういう、人を生かすために叱る場合はあります。

しかし、たいていの場合には、そうではなくて、カーッと瞬間湯沸器《しゅんかんゆわかしき》的に本能的に怒るので、これは収めてください。

暗闇《くらやみ》のなかを手探《てさぐ》りで生きている人たちに真理を伝道することは大事

それから、真理に則《のっと》った生き方をしてください。

真理を知らない人というのは、暗闇《くらやみ》のなかを手探《てさぐ》りで生きているようなものなのです。それは、地震《じしん》や雷《かみなり》、その他、台風等で停電したりしているようなときに、もう手探りで、「ロウソクは、いったいどこにあるのだろう」と思って、探しているような状態でしょうか。真理を知っている人から見たら、真理を知らない人は、実際には、明かりがない状態ですので、そういう手探りで生きている状態にある、気の毒な人たちなのです。

だから、「このロウソク一本を点《つ》けなさい。ロウソク一本を持ちなさい。これを持って部屋のなかを照らして、よく見てごらんなさい」と伝えること、これが伝道です。一人ひとりの人の「心のロウソク」に灯《ひ》を点けること、これが伝道であり、非常に大事なことであるのです。

本当はみんな暗闇のなかを生きているのです。

世界は明るいように見える、世界は美しいように見える、しかし、その実、無《む》明《みょう》の闇のなかを数多くの人が生きています。世界には六十数億人（説法当時）が生きているけれども、何十億人もの人が、今、本当は、無明の闇、明かりのない世界のなかを手探りで生きているのです。

手探りで這《は》い回っているような人が、自分は「ものすごいエリートだ」と思ったり、「大成功者だ」と思ったり、「ほかの人に説教を説くことができるような人間だ」と思ったりして、勘違《かんちが》いをいっぱいしています。だから、そういう人たちに、「心に灯《とも》を点しなさい」と言って、明かりを一本渡《わた》してあげる必要があります。

真理を知らないで一生を終わった人は本当に気の毒です。

　そして、みなさんも、伝道をすれば分かると思いますけれども、ちょうど油を塗《ぬ》った体が水を弾《はじ》くように、本当に何を言っても跳《は》ね返ってしまい、真理が通らない人がいっぱいいいると思うのです。もう気の毒でしかたがありませんけれども、まったく話が通じない方がいらっしゃる。まるで鎧兜《よろいかぶと》のように通らない。真理が通らない人がいるのです。

　ただ、世の中には、いろいろな苦難・困難や災難、苦しみが、人生の途中《とちゅう》で、あるいは家族も含《ふく》めて必ず起きることになっているので、その途中途中できっかけが必ず与《あた》えられる。「この世の中の不幸と思われるようなことであっても、実は、真理に辿《たど》り着くためのきっかけだった」というようなことが数多くあります。

　だから、今は通じなくても、やはり、時を待ってチャンスをあげることです。あるいは、今は実らなくても、献本《けんぽん》のようなことをしておくことが十年後、二十年後に実ることだってあります。今、あなたが愛の心で人に接して、その人を助けようと思うことを、向こうはせせら笑っているかもしれないけれども、その相手が三十年後に目覚めることだってあるのです。

自分自身は「うまいことといっていた」と思うのに、自分の子供の代で、何か事件や事故などの不幸が起きて、初めて宗教的真理、悟りを持つこともありますし、死んでからあと、初めて気がつくことだってあります。

だから、きっかけを与えることは非常に大事なことです。

伝道ということは善です。「善なる行為を行《おこな》っている」と思ってください。

この世というのは暗がりのなかを、暗闇のなかを、みんなうごめいている状態なのです。それが、「幻《まぼろし》」を見ているように、「違う世界」を現実は見て生きているのです。この世は一時《いちじ》の宿りなのです。

これが「基本的な悟り」の部分です。

「他人《ひと》の役に立ちたい」と素直《すなお》に思える人は天国への道を進んでいる

さらに、注意すべきことが幾《いく》つかあります。

信仰《しんこう》を疑ったり揺《ゆ》るがしたりするようなことだって、やはり罪に当たりますし、慢心《まんしん》して、うぬぼれてうぬぼれてするようなこともやはり罪に当たるし、それから、いろいろな邪見《じゃけん》を持つこと、悪見《あくけん》を持つことも罪になります。

難しくなりますから、あとは省《はぶ》きますけれども、基本的には、今言ったように、「分《ぶん》不相応の欲望（貪）」「怒り（瞋）」「無知（癡）」、この三つと闘《たたか》ってください。そうすれば、初級レベルですけれども、まず、悟りというものの第一歩をつかむことができるでしょう。

そしてみなさんは、その結果として、成果として、平和な心を持ち、幸福感が増すようになるでしょう。

そして、その幸福感が増した方は、必ず、「少しでも他人《ひと》のお役に立ちたい」、あるいは「世の中をよくしたい」ということを純粋《じゅんすい》に思えるようになります。

そういう、「他人のためにお役に立ちたい」とか「世の中をよくしたい」とかいうことを言うと、すぐに、揚《あ》げ足を取ったり、批判をしたり、偽善者《ぎぜんしゃ》のように言うような人というのは、もう心が完全にねじ曲がっているのです。それは気にしないでください。

だから、素直《すなお》にそういう気持ちを持てるようになったら、あなたがたは悟りへの道を進んでいるのであるし、あるいは「天国への道を、今、進んでいるのだ」というふうに考えてよいと思うのです。

それが今日の、「悟りの原点を求めて」という話です。

『地獄界探訪』関連書籍

『地獄の法』（大川隆法 著　幸福の科学出版刊）
『地獄に堕ちた場合の心得』（同右）
『地獄に堕ちないための言葉』（同右）
『妖怪にならないための言葉』（同右）
『小説　地獄和尚』（同右）
『江戸の三大閻魔大王の霊言』（同右）
『色情地獄論――草津の赤鬼の霊言――』（同右）
『色情地獄論②――草津の赤鬼 戦慄の警告――』（同右）

※左記は書店では取り扱っておりません。最寄りの精舎・支部・拠点までお問い合わせください。

『「妖怪にならないための言葉」余話』（大川隆法 著　宗教法人幸福の科学刊）

『On Happiness（幸福について）』（同右）

地獄界探訪《じごくかいたんぼう》
―― 死後に困らないために知っておきたいこと ――

2025年2月7日　初版第1刷
2025年5月19日　第5刷

著　者　大《おお》川《かわ》隆《りゅう》法《ほう》

発行所　幸福の科学出版株式会社

〒107-0052 東京都港区赤坂2丁目10番8号
TEL(03)5573-7700
https://www.irhpress.co.jp/

印刷・製本　株式会社 研文社

落丁・乱丁本はおとりかえいたします

ISBN978-4-8233-0444-6 C0014
装丁・イラスト・写真 © 幸福の科学

大川隆法ベストセラーズ・地獄界・妖怪世界の真実

地獄の法

法シリーズ 第29巻

あなたの死後を決める「心の善悪」

どんな生き方が、死後、天国・地獄を分けるのかを明確に示した、姿を変えた『救世の法』。現代に降ろされた「救いの糸」を、あなたはつかみ取れるか。

2,200円

地獄に堕ちないための言葉

書き下ろし箴言集

死後に待ち受けるこの現実にあなたは耐えられるか？ 今の地獄の実態をリアルに描写した、生きているうちに知っておきたい100の霊的真実。

1,540円

妖怪にならないための言葉

書き下ろし箴言集

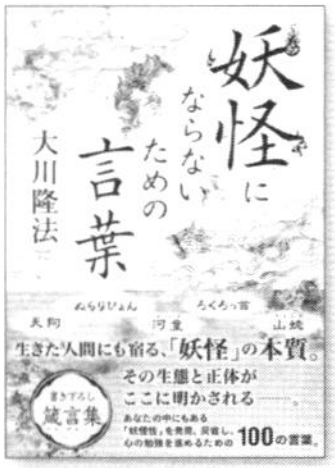

嘘、偽善、自己保身……、心の「妖怪性」はあなたの中にもある──。現代社会にも生息する妖怪の実態、「裏側世界」の真実に迫る書き下ろし箴言集。

1,540円

小説　地獄和《お》尚《しょう》

「あいや、待たれよ。」行く手に立ちはだかったのは、饅《まん》頭《じゅう》笠《がさ》をかぶり黒衣に身を包んだ一人の僧だった──。『地獄の法』の著者、大川隆法総裁による書き下ろし小説。

1,760円

※表示価格は税込10%です。

大川隆法ベストセラーズ・「あの世」を深く知るために

永遠の法

法シリーズ 第3巻

エル・カンターレの世界観

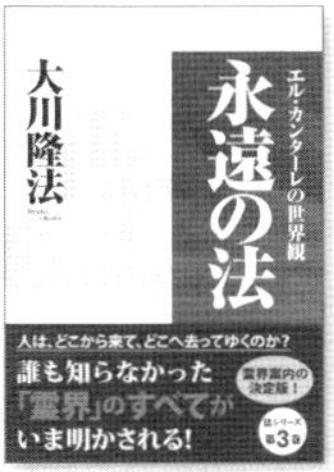

すべての人が死後に旅立つ、あの世の世界。天国と地獄をはじめ、その様子を明確に解き明かした、霊界ガイドブックの決定版。

2,200円

霊界散歩

めくるめく新世界へ

人は死後、あの世でどんな生活を送るのか。現代の霊界の情景をリアルに描写し、従来の霊界のイメージを明るく一新する一書。

1,650円

霊的世界のほんとうの話。

スピリチュアル幸福生活

36問のQ＆A形式で、目に見えない霊界の世界、守護霊、仏や神の存在などの秘密を解き明かすスピリチュアル・ガイドブック。

1,540円

死んでから困らない生き方

スピリチュアル・ライフのすすめ

この世での生き方が、あの世での行き場所を決める──。霊的世界の真実を知って、天国に還る生き方を目指す、幸福生活のすすめ。

1,430円

幸福の科学出版

大川隆法ベストセラーズ・悪霊・悪魔から身を護るために

悪魔の嫌うこと

悪魔は現実に存在し、心の隙《すき》を狙ってくる！悪魔の嫌う３カ条、怨霊《おんりょう》の実態、悪魔の正体の見破り方など、悪魔から身を護るための「悟りの書」。

1,760 円

真のエクソシスト

身体が重い、抑うつ、悪夢、金縛り、幻聴──。それは悪霊による「憑《ひょう》依《い》」かもしれない。フィクションを超えた最先端のエクソシスト論が明かされる。

1,760 円

悪魔からの防衛術

「リアル・エクソシズム」入門

現代の「心理学」や「法律学」の奥にある、霊的な「正義」と「悪」の諸相が明らかに。“目に見えない脅威”から、あなたの人生を護る降魔入門。

1,760 円

エル・カンターレ 人生の疑問・悩みに答える 霊現象・霊障への対処法

シリーズ第６弾

悪夢、予知・占い、原因不明の不調・疲れなど、誰もが経験している「霊的現象」の真実を解明した 26 の Q&A。霊障問題に対処するための基本テキスト。

1,760 円

幸福の科学出版

大川隆法ベストセラーズ・心の修行の指針

自も他も生かす人生

あなたの悩みを解決する「心」と「知性」の磨き方

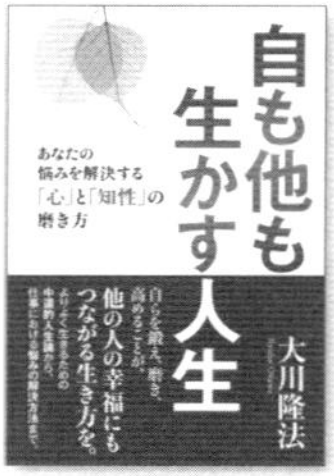

自分を磨くことが周りの人の幸せにつながっていく生き方とは？ 悩みや苦しみを具体的に解決し、人生を好転させる智慧がちりばめられた一冊。

1,760円

新・心の探究

神の子人間の本質を探る

心の諸相、心の構造、浄化法、心の持つ力学的性質、心の段階、極致の姿など、人間の「心」の実像をさまざまな角度から語った、心の探究についての基本書（2023年10月改版）。

1,100円

信仰のすすめ

泥中の花・透明な風の如く

どんな環境にあっても、自分なりの悟りの花を咲かせることができる。幸福の科学の教え、その方向性、そして、信仰の意義が示される。

1,650円

心に目覚める

ＡＩ時代を生き抜く「悟性」の磨き方

AIや機械には取って代わることのできない「心」こそ、人間の最後の砦――。感情、知性、理性、意志、悟性など、普遍的な「心の総論」を説く。

1,650円

※表示価格は税込10%です。

大川隆法ベストセラーズ・人生の目的と使命を知る

初期講演集シリーズ
第1～7弾!

【各 1,980 円】

「大川隆法　初期重要講演集ベストセレクション」シリーズ

幸福の科学初期の情熱的な講演を取りまとめた講演集シリーズ。幸福の科学の目的と使命を世に問い、伝道の情熱や精神を体現した救世の獅子吼《ししく》がここに。

1 幸福の科学とは何か
2 人間完成への道
3 情熱からの出発
4 人生の再建
5 勝利の宣言
6 悟りに到る道
7 許す愛

1
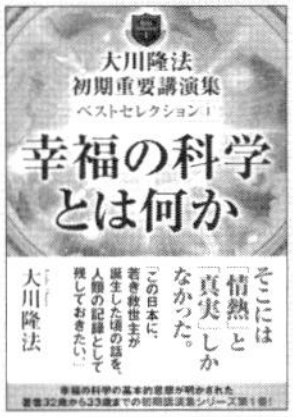

2

3

4

5

6

7
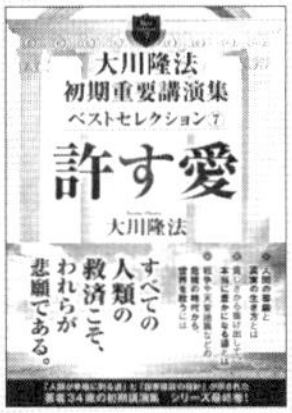

幸福の科学グループのご案内

宗教、教育、政治、出版、芸能文化などの活動を通じて、地球的ユートピアの実現を目指しています。

幸福の科学

一九八六年に立宗。信仰の対象は、大宇宙の根本仏にして地球系霊団の至高神、主エル・カンターレ。世界百八十カ国以上の国々に信者を持ち、全人類救済という使命の下、信者は、主なる神エル・カンターレを信じ、「愛」と「悟り」と「ユートピア建設」の教えの実践、伝道に励んでいます。

（二〇二五年五月現在）

愛

幸福の科学の「愛」とは、与える愛です。これは、仏教の慈悲《じひ》や布施《ふせ》の精神と同じことです。信者は、仏法真理をお伝えすることを通して、多くの方に幸福な人生を送っていただくための活動に励んでいます。

悟り

「悟り」とは、自らが仏の子であることを知るということです。教学《きょうがく》や精神統一によって心を磨き、智慧《ちえ》を得て悩みを解決すると共に、天使・菩薩《ぼさつ》の境地を目指し、より多くの人を救える力を身につけていきます。

ユートピア建設

私たち人間は、地上に理想世界を建設するという尊い使命を持って生まれてきています。社会の悪を押しとどめ、善を推し進めるために、信者はさまざまな活動に積極的に参加しています。

海外支援・災害支援

幸福の科学のネットワークを駆使し、世界中で被災地復興や教育の支援をしています。「HS・ネルソン・マンデラ基金」では、人種差別をはじめ貧困に苦しむ人びとなどへ、物心両面にわたる支援を行っています。

自殺を減らそうキャンペーン

毎年２万人を超える自殺を減らすため、全国各地で「自殺防止活動」を展開しています。

公式サイト **withyou-hs.net**

自殺防止相談窓口

受付時間　火～土:10～18時（祝日を含む）

TEL **03-5573-7707**　メール **withyou-hs@happy-science.org**

ヘレンの会

公式サイト **helen-hs.net**

視覚障害や聴覚障害、肢体不自由の方々と点訳・音訳・要約筆記・字幕作成・手話通訳等の各種ボランティアが手を携えて、真理の学習や集い、ボランティア養成等、様々な活動を行っています。

幸福の科学 入会のご案内

幸福の科学では、主エル・カンターレ 大川隆法総裁が説く仏法真理《ぶっぽうしんり》をもとに、「どうすれば幸福になれるのか、また、他の人を幸福にできるのか」を学び、実践しています。

入会

仏法真理を学んでみたい方へ

主エル・カンターレを信じ、その教えを学ぼうとする方なら、どなたでも入会できます。入会された方には、『入会版「正心法語《しょうしんほうご》」』が授与されます。

入会ご希望の方はネットからも入会申し込みができます。

happy-science.jp/joinus

三帰《さんき》誓願《せいがん》

信仰をさらに深めたい方へ

仏弟子としてさらに信仰を深めたい方は、仏《ぶっ》・法《ぽう》・僧《そう》の三宝《さんぽう》への帰依を誓う「三帰誓願式」を受けることができます。三帰誓願者には、『仏説・正心法語』『祈願文《きがんもん》①』『祈願文②』『エル・カンターレへの祈り』が授与されます。

幸福の科学 サービスセンター
TEL 03-5793-1727（受付時間／火～金：10～20時 土・日祝：10～18時（月曜を除く））

幸福の科学 公式サイト
happy-science.jp

幸福実現党

日本の政治に精神的主柱を立てるべく、2009年5月に幸福実現党を立党しました。創立者である大川隆法党総裁の精神的指導のもと、宗教だけでは解決できない問題に取り組み、幸福を具体化するための力になっています。

幸福実現党　党員募集中

あなたも幸福を実現する政治に参画しませんか。

＊申込書は、下記、幸福実現党公式サイトでダウンロードできます。

住所：〒107-0052
東京都港区赤坂2-10-8 6階 幸福実現党本部
TEL **03-6441-0754**　FAX **03-6441-0764**
公式サイト **hr-party.jp**

HS政経塾

大川隆法総裁によって創設された、「未来の日本を背負う、政界・財界で活躍するエリート養成のための社会人教育機関」です。既成の学問を超えた仏法真理を学ぶ「人生の大学院」として、理想国家建設に貢献する人材を輩出するために、2010年に開塾しました。これまで、多数の地方議員が全国各地で活躍してきています。

TEL **03-6277-6029**
公式サイト **hs-seikei.happy-science.jp**

ハッピー・サイエンス・ユニバーシティ

Happy Science University

ハッピー・サイエンス・ユニバーシティとは

ハッピー・サイエンス・ユニバーシティ(HSU)は、
大川隆法総裁が設立された「日本発の本格私学」です。
建学の精神として「幸福の探究と新文明の創造」を掲げ、
チャレンジ精神にあふれ、新時代を切り拓く人材の輩出を目指します。

人間幸福学部 **経営成功学部** **未来産業学部**

HSU長生キャンパス TEL **0475-32-7770**
〒299-4325 千葉県長生郡長生村一松丙 4427-1

未来創造学部

HSU未来創造・東京キャンパス
TEL **03-3699-7707**
〒136-0076 東京都江東区南砂2-6-5

公式サイト **happy-science.university**

学校法人 幸福の科学学園

学校法人 幸福の科学学園は、幸福の科学の教育理念のもとにつくられた教育機関です。人間にとって最も大切な宗教教育を通して精神性を高めながら、ユートピア建設に貢献する人材輩出を目指しています。

幸福の科学学園

中学校・高等学校(那須本校)
2010年4月開校・栃木県那須郡(男女共学・全寮制)
TEL **0287-75-7777** 公式サイト **happy-science.ac.jp**

関西中学校・高等学校(関西校)
2013年4月開校・滋賀県大津市(男女共学・寮及び通学)
TEL **077-573-7774** 公式サイト **kansai.happy-science.ac.jp**

仏法真理塾「サクセスNo.1」 TEL 03-5750-0751（東京本校）

全国に本校・拠点・支部校を展開する、幸福の科学による信仰教育の機関です。小学生・中学生・高校生を対象に、信仰教育・徳育にウエイトを置きつつ、将来、社会人として活躍するための学力養成にも力を注いでいます。

エンゼルプランV

東京本校を中心に、全国に支部教室を展開。0歳～未就学児を対象に、信仰に基づく豊かな情操教育を行う幼児教育機関です。

TEL 03-5750-0757（東京本校）

エンゼル精舎

乳幼児を対象とした幸福の科学の託児型の宗教教育施設です。神様への信仰と「四正道」を土台に、子供たちの個性を育みます。

（※参拝施設ではありません）

不登校児支援スクール「ネバー・マインド」 TEL 03-5750-1741

「信仰教育」と「学業修行」を柱に、再登校へのチャレンジと、生活リズムの改善、心の通う仲間づくりを応援します。

ユー・アー・エンゼル！（あなたは天使！）運動

障害児の不安や悩みに取り組み、ご両親を励まし、勇気づける、障害児支援のボランティア運動を展開しています。

一般社団法人
ユー・アー・エンゼル
TEL 03-6426-7797

公益活動支援

いじめから子供を守ろうネットワーク

学校でのいじめをなくし、教育改革をしていくためにさまざまな社会提言をしています。
さらに、いじめ相談を行い、各地で講演や学校への啓発ポスター掲示等に取り組む一般財団法人「いじめから子供を守ろうネットワーク」を支援しています。

公式サイト mamoro.org　ブログ blog.mamoro.org
相談窓口 TEL.03-5544-8989

百歳まで生きる会 ～いくつになっても生涯現役～

100 幸福の科学

「百歳まで生きる会」は、生涯現役人生を掲げ、友達づくり、生きがいづくりを通じ、一人ひとりの幸福と、世界のユートピア化のために、全国各地で友達の輪を広げ、地域や社会に幸福を広げていく活動を続けているシニア層（55歳以上）の集まりです。

【サービスセンター】TEL 03-5793-1727

シニア・プラン21 【サービスセンター】TEL 03-5793-1727

「百歳まで生きる会」の研修部門として、心を見つめ、新しき人生の再出発、社会貢献を目指し、セミナー等を開催しています。

幸福の科学グループ　出版　メディア　芸能文化

幸福の科学出版

大川隆法総裁の仏法真理の書を中心に、ビジネス、自己啓発、小説など、さまざまなジャンルの書籍・雑誌を出版しています。また、大川総裁が作詞・作曲を手掛けた楽曲CDも発売しています。他にも、映画事業、文学・学術発展のための振興事業、テレビ・ラジオ番組の提供など、幸福の科学文化を広げる事業を行っています。

アー・ユー・ハッピー?
are-you-happy.com

ザ・リバティ
the-liberty.com

THE FACT　YouTubeにて随時好評配信中!

ザ・ファクト
マスコミが報道しない「事実」を世界に伝えるネット・オピニオン番組
公式サイト **thefact.jp**

全国36局 & ハワイで毎週放送中!

ラジオ番組 天使のモーニングコール

天使のモーニングコール
毎週様々なテーマで大川隆法総裁の心の教えをお届けしているラジオ番組
公式サイト **tenshi-call.com**

幸福の科学出版　TEL **03-5573-7700**　公式サイト **irhpress.co.jp**

NEW STAR PRODUCTION

ニュースター・プロダクション　公式サイト **newstarpro.co.jp**

「新時代の美」を創造する芸能プロダクションです。多くの方々に良き感化を与えられるような魅力あふれるタレントを世に送り出すべく、日々、活動しています。

ARI《アリ》 Production《プロダクション》　公式サイト **aripro.co.jp**

タレント一人ひとりの個性や魅力を引き出し、「新時代を創造するエンターテインメント」をコンセプトに、世の中に精神的価値のある作品を提供していく芸能プロダクションです。